I0832832

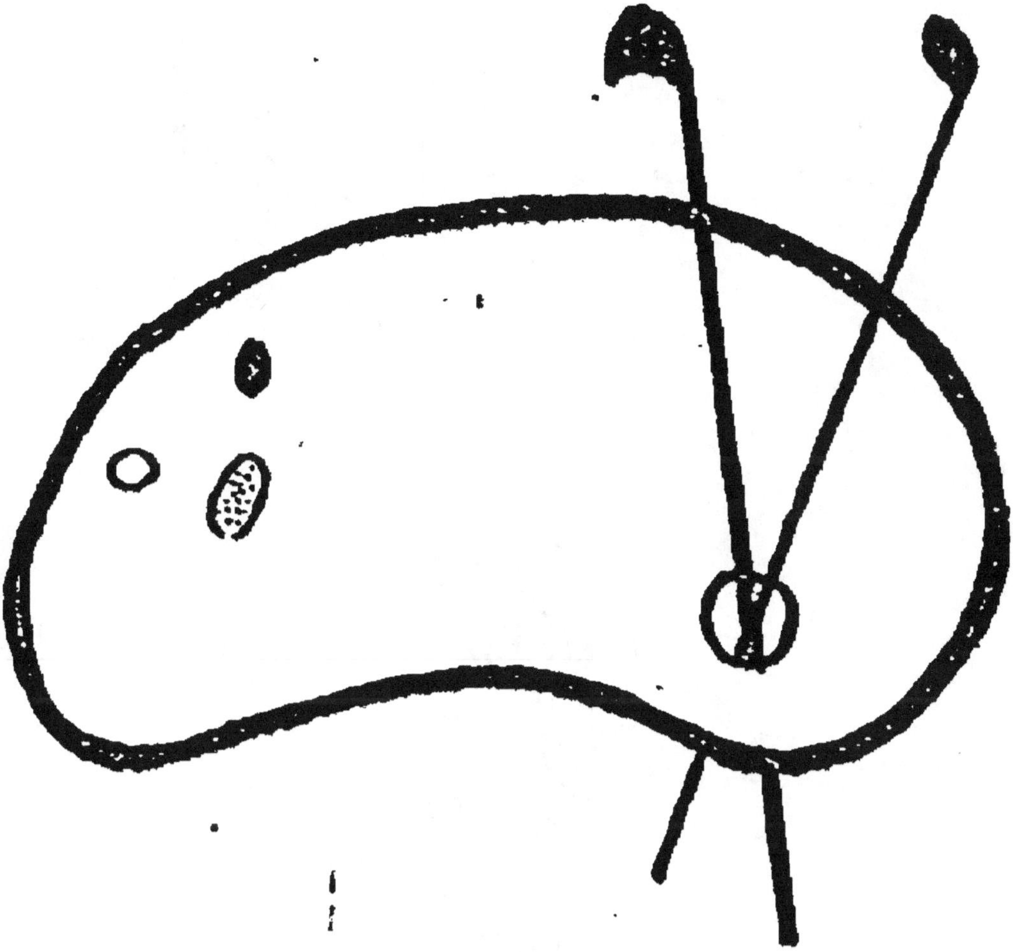

COLLECTION SAINT-MICHEL

LES CAUSES SACRÉES

LE ROI

PAR

RAOUL DE NAVERY

TOME DEUXIÈME

PARIS

G. TÉQUI, LIBRAIRE-ÉDITEUR
DE L'ŒUVRE DE SAINT-MICHEL
6, RUE DE MÉZIÈRES, 6

1877

PUBLICATIONS DE LA LIBRAIRIE SAINT-MICHEL (1)

HISTOIRE DE LA COMPAGNIE DE JÉSUS, par Daurignac. 2 vol. . . 2 »
HISTOIRE DE LA CONQUÊTE DU MEXIQUE, par M. de Toulza. 3 vol. 3 50
HOTELLERIE DU PRÊTRE-JEAN, par M. Ch. Buet.......... . . 2 »
INTRODUCTION A LA VIE DÉVOTE, par saint François de Sales, vieux style, orthographe moderne. 1 75
IVANHOE DE WALTER SCOTT, revu par M. J. Jumin .... 2 »
IVAN LE TERRIBLE, traduit par le prince A. Galitzin......... 3 50
KIANG NAN EN 1869 (le), par les *Missionnaires de la Compagnie de Jésus* .... 2 »
LANDRY, par R. de Navery .... 2 »
LÉGENDES DE L'ATELIER, par Maurice Le Prévost .... 1 »
LE SUEUR (Eustache), par M. L. Vitet.................... 1 »
LETTRES A UN JEUNE HOMME, par M. E. de Margerie......... 2 »
LINGOTS D'ARGENT, traduit par M. J. Turck.. .... » 80
LUTINS NORWÉGIENS, par Mme L. Rousseau 1 50
MADELEINE MILLER, par R. de Navery . ... 2 »
MADEMOISELLE DE FOIX, par M. de Pontchevron. .... 1 »
MARIE D'AGRÉDA, par Germond de La Vigne. In-12... . .... 1 25
MARIE LA MUETTE, par Mme G. d'Ethampes. *Épuisé.*
MARQUIS DE MONTCALM, par le R. P. Martin ... . 2 »
MARTYRS DU JAPON. In-12 .... 1 »
MASSACRES DE SEPTEMBRE, par M. Mortimer-Ternaux....... 2 50
MEILLEURS PROVERBES (les) .... » 80
MÉMOIRES D'UN ENFANT PAUVRE, par M. L. Noble. .... 2 »
MITRE ET L'ÉPÉE, par M. Ch. Buet. In-12.................. 2 »
MOINES EN GAULE (les), par M. de Montalembert......... . 1 »
MORALE CHRÉTIENNE, par M. Mignard...................... 2 »
MOUETTE DU ROCHER, par Mlle Le Bourgeois............ . 1 50
NOUVELLES CAUSERIES, par Mlle J. Gouraud.... .... 1 »
NOUVELLES SCÈNES DE LA VIE, par M. E. de Margerie. In-12... 2 »
ŒUVRES DE CHARITÉ, par Mlle J. Gouraud................ 1 »

(1) En général, l'Œuvre de Saint-Michel établit le prix de ses ouvrages un tiers plus bas que la librairie ordinaire.

156. — Abbeville. — Typ. et stér. Gustave Retaux.

LES CAUSES SACRÉES

LE ROI

356. — ABBEVILLE. — TYP. ET STÉR. GUSTAVE RETAUX

COLLECTION SAINT-MICHEL

LES CAUSES SACRÉES

LE ROI

PAR

RAOUL DE NAVERY

TOME DEUXIÈME

PARIS

G. TEQUI, LIBRAIRE-ÉDITEUR

DE L'ŒUVRE DE SAINT-MICHEL

6, RUE DE MÉZIÈRES, 6

1877

LES CAUSES SACRÉES

LE ROI

XV

TEMPÊTE.

Le ciel se couvrait de nuages menaçants.

Le vent qui courait sur la mer la soulevait en houles énormes.

La toile craquait, les mâts pliaient.

Les onze navires qui se tenaient rapprochés le plus possible couraient un même péril.

Sur l'un d'eux, en dépit du danger, des vagues qui balayaient le pont, du vent qui couchait tantôt l'un tantôt l'autre bordage, deux femmes demeuraient immobiles, suivant du regard les progrès de la tempête.

Quelques officiers, placés à une respectueuse distance, s'entretenaient à voix basse. De temps en temps le capitaine s'approchait de l'un d'eux et paraissait l'engager à décider les passagères à descendre dans leur cabine. Mais les officiers répondaient par un signe découragé. Vingt fois ils tentèrent vainement d'arracher les deux femmes à la contemplation de ce terrible spectacle, et l'une d'elles avait un tel air de commandement et une si grande volonté que personne n'osait plus insister.

Les matelots, debout sur le pont, attendaient les ordres du capitaine.

Le tonnerre gronda sourdement, le vent se déchaîna avec une furie telle qu'un mât se rompit, entraînant avec fracas ses agrès et ses vergues.

Il était tombé si près des passagères que cette fois le capitaine, bravant la défense qu'il avait reçue, s'avança, et mettant un genou en terre :

« Que Votre Majesté daigne se retirer, dit-il, ou je ne réponds plus de rien.

— Croyez-vous que j'aie peur, capitaine ?

— Votre Majesté possède toutes les bravoures, je le sais ; mais chacun à ce bord tiendra à honneur de l'imiter ; le pont va s'encombrer. La manœuvre peut s'en ressentir.. J'ai besoin d'être seul, tout seul ici sur ces planches avec mes matelots... ce n'est pas trop de tout le sang-froid, de toute l'habitude d'un marin pour disputer ce navire à la tempête.

— Dieu ne veut donc pas notre salut ? murmura Henriette en se parlant à elle-même.

— Dieu le veut, répondit sa compagne ; mais afin de le rendre plus miraculeux, il accumule les périls autour de vous... Le capitaine a raison, Madame, il faut descendre... Voyez, vos officiers si braves à l'armée sont inutiles à bord ; les dignes prêtres, les moines qui font avec nous cette traversée, restent aussi sur le pont... que deviendront les braves gens qui doivent courir à la manœuvre ? Un seul moyen de leur venir en aide nous reste : Prions ! »

Henriette-Marie jeta un long regard sur les vaisseaux.

« Jessy, dit-elle, avoir armé une flotte, voir ces navires pleins de munitions et d'armes menacés comme le mien ; se dire que l'or et le fer entassés là pendant une année avec tant de peine peuvent s'engloutir dans une nuit de désastre... voir sombrer dans cette mer hurlante le dernier espoir de Charles et le salut de la couronne... non ! non ! restons, j'éprouve un bonheur amer à suivre des yeux cette lutte acharnée. Si tout doit périr, que je meure avec ma suprême espérance... »

La reine n'acheva pas.

Une vague monstrueuse s'abattit sur le navire, et Henriette fut obligée de se cramponner au bastingage pour ne pas tomber dans l'abîme.

Le capitaine parcourut les groupes des passagers.

« Descendez ! descendez ! cria-t-il, je ne réponds de rien ! »

Un mouvement rapide s'opéra sur le pont, mouvement mêlé d'épouvante. On glissait sur les planches mouillées ; le bâtiment s'enfonçait à d'incroyables profondeurs pour se relever sur la crête de vagues hautes comme des murailles. A toute minute il pouvait s'entr'ouvrir sous les pieds.

Et cependant la reine d'Angleterre demeurait immobile, serrant le bordage de ses mains crispées, les épaules ruisselantes d'eau de mer, les cheveux dénoués par la violence de l'orage.

Jessy O'Connor s'était mise à genoux, et ses deux bras robustes enlaçaient la taille frêle de la reine.

On ne distinguait plus les navires de la petite flotte ; des fanaux luisaient par intervalles, et des coups de mousquet tirés à leur bord annonçaient et le péril couru et le besoin qu'ils avaient de secours.

Patrick se tenait prêt à venir au secours de la reine, car l'héroïsme dont elle faisait preuve pouvait lui devenir fatal.

Elle croyait, hélas ! conjurer cette tempête à force de volonté.

Enfin un vieux moine s'approcha d'Henriette :

« Que Votre Majesté se soumette aux ordres de la Providence, dit-il, peut-être votre soumission désarmera-t-elle la colère de Dieu.

— Je vous obéis, mon père, » dit la reine.

Henriette lâcha le bord du navire, mais si Jessy O'Connor ne l'eût retenue, elle tombait sur le pont qui frémissait sous ses pieds. Elle gagna l'escalier et descendit dans la cabine.

Cette cabine était une salle énorme aménagée avec un certain luxe, mais disposée pour recevoir plusieurs passagers. A cette époque les bâtiments manquaient du confortable qui se trouve aujourd'hui dans nos bâteaux à vapeur. La vie devait se passer en commun. Un côté de la salle était réservé pour la reine et Jessy. Les officiers, les prêtres, les moines occupaient la seconde partie. Des rideaux formaient une séparation.

A peine la reine fut-elle arrivée près de son lit qu'un fracas épouvantable retentit sur le pont. Le porte-voix du capitaine tonnait ses ordres multipliés, le navire paraissait semblable à une créature ivre. Il courait, s'enfonçait, se relevait avec des bonds effrayants.

Un désordre étrange régna bientôt dans la salle des passagers. Les lampes vacillaient. Nul ne pouvait rester sur son siége ou couché dans son lit. Il fallut attacher les passagers les uns aux colonnes soutenant la salle, les autres aux meubles les plus lourds.

La reine et Jessy furent liées à leurs couchettes.

Le tonnerre grondait, les éclairs traversaient la nuit de leurs zigzags bleuâtres ; la coque du navire craquait sous les battements précipités de la vague.

Chacun, outre la terreur née du péril, souffrait d'étranges et incompréhensibles tortures.

Il faut l'autorité de l'histoire, les mémoires du temps pour admettre tant de troubles, de dangers, d'horreurs et de courage.

Après les premiers moments d'effroi, pendant lesquels la nature même la plus forte succombe, une espèce de calme se fit dans cette réunion d'êtres qui paraissaient condamnés à mourir.

La pensée de l'éternité domina la terreur et la souffrance.

On vit les protestants se recueillir.

Les catholiques demandèrent l'absolution.

Alors se passa une scène étrange, qui jamais peut-être ne se renouvellera.

Nous avons dit que chaque passager avait été lié, qui à une colonne, qui à un meuble.

Cette situation, rendue indispensable en raison du tangage et du roulis, ne permettait ni aux moines ni aux prêtres de s'approcher de ceux qui imploraient leur ministère.

La confession ne pouvait rester secrète.

Le danger quoique grand ne paraissait pas d'une imminence à exiger l'absolution *in articulo mortis*.

Que faire ? A quoi se résoudraient ces hommes et ces femmes, dont la voix serait peut-être entendue pour la dernière fois par une créature humaine ?

A bord du vaisseau de Henriette-Marie se renouvela cette confession publique en usage dans l'Église primitive. Qu'importait la honte de l'aveu à ceux qui s'attendaient à paraître devant le souverain Juge? Toutes les consciences s'éveillaient troublées, effarées, même les plus pures.

Le sentiment de la foi dominait cette assemblée avec une telle puissance, que rien ne nous semble plus magnifigue dans l'histoire des naufrages que cette scène.

«La confession ! la confession !» crièrent toutes les voix.

Un grand silence se fit, silence du vent, des vagues et des plaintes humaines.

Le plus vieux des capucins fit le signe de la croix.

« Au nom du Père, du Fils et du Saint-Esprit, » dit-il.

Toutes les voix répondirent :

« *Amen !* »

Henriette tenta de se soulever sur son lit ; les cordages qui la retenaient l'en empêchèrent; sa tête retomba rudement, elle ferma les yeux, puis elle commença :

« Je m'accuse, dit-elle, d'aimer trop tout ce que j'aime et de donner dans mon cœur à des créatures une place dont sans doute le Ciel est jaloux... J'ai chéri le roi mon seigneur avec une tendresse exaltée, j'ai oublié Dieu dans le temps de ma prospérité. Je ne l'ai point assez béni pour ses grâces... Il avait fait de moi une grande reine une épouse heureuse, une mère fortunée; il m'a paru un jour que ces biens m'appartenaient en propre, et j'ai négligé de l'en remercier. Qu'il ne punisse que moi de cette ingratitude... Ni le roi ni mes enfants ne sont coupables de mes fautes... J'offre ma vie pour le salut de Charles roi d'Angleterre, pour le salut de mes enfants... J'accepte la torture de cette agonie, s'il plaît à Dieu de permettre que ces navires portent au légitime souverain des armes pour défendre ses droits... Que l'horreur de cette mort dans les ténèbres et les vagues me serve d'expiation suprême! que la colère céleste s'apaise sur mon sacrifice... J'ai regret d'avoir aimé pour moi ceux que je devais aimer en Dieu seul.

— Henriette reine d'Angleterre, je vous absous, » dit le moine.

Alors s'éleva l'aveu de Jessy O'Connor.

« J'ai péché par orgueil, dit-elle. Par orgueil j'ai repoussé l'humble bonheur dévolu aux femmes. Je me suis crue destinée à aider au salut de l'Irlande. Il me semblait que quelque chose du feu divin embrasant les prophétesses gonflait ma poitrine. J'ai voulu substituer dans mon âme, l'amour de l'Irlande à tout autre amour... Pour atteindre ce but, j'aurais sans regret foulé aux piedsdes amitiés saintes... J'ai pris pour de la grandeur ce qui était une sorte d'égoïsme. Je n'ai pas regardé si je faisais souffrir... Je marchais vers un but. Dieu ne veut pas que le roseau s'élève ; il ne souffre pas que la femme s'imagine écraser seule la tête du serpent... Je vais mourir, et je demande grâce pour cet orgueil qui m'a perdue. S'il plaît au Seigneur de me laisser la vie, je l'emploierai à faire le bien dans la mesure réservée aux femmes... Jeanne d'Arc Irlandaise! tu n'as point mérité le bûcher! Et cependant, Dieu m'est témoin que, si je l'offensai en me considérant comme marquée pour aider à l'accomplissement de son œuvre, je ne voulais pour moi ni richesses ni gloire... La croix triomphante, nos prêtres vénérés, l'Irlande libre, égale de l'Angleterre et de l'Écosse, voilà ce que j'attendais pour mourir dans la paix, dussé-je souffrir en moi la misère et l'abandon... Pardon à Dieu, pardon à un noble cœur que j'ai blessé plus d'une fois et qui peut-être saigne encore... »

La voix de Jessy s'affaiblit en prononçant ces derniers mots.

Le moine ne dit rien. Il étendit les bras et bénit la jeune fille.

« Moi, dit Patrick, plus que Dieu, plus que mon père, plus que l'Irlande, j'ai aimé Jessy O'Connor! je l'ai chérie avec enthousiasme, cette fille de l'Irlande en qui respirait la sainte passion de la patrie! Elle était pour moi l'Irlande elle-même. En son nom j'eusse accompli des prodiges, pour elle j'eusse lutté contre une armée! Elle me répétait que le pays seul a droit à nos dévouements, et je me dévouais à Jessy O'Connor... Elle me défendit un jour de lui parler de nos fiançailles, et je me tus... elle m'ordonna plus tard de me jeter, avec mes frères, dans le parti du roi Charles qui protégeait l'Irlande, et je me serais fait tuer pour le roi... Elle suivit la reine en Hollande, moi je ne marchai qu'à la suite de Jessy O'Connor... Elle fut ma volonté, elle inspira mes abnégations ; sans elle, je le confesse en frappant ma poitrine, je serais peut-être un mauvais fils, un mauvais Irlandais, un mauvais chrétien!

— Dieu vous absout, Patrick, Dieu qui vous appelle aux lieux où se contractent les noces éternelles. »

Un long sanglot s'éleva dans un angle de la salle.

« Pitié! pitié! dit une voix brisée, j'ai tué... j'ai versé le sang... le sang d'un homme qui m'aimait, qui avait confiance en moi... Je l'ai tué, parce que j'étais jaloux, et depuis cette heure, bien que la justice n'ai point découvert mon crime, je vois à toute heure ma victime découvrant la plaie de son côté, cette plaie qui saigne, qui saigne, et dont les lèvres paraissent me maudire...

— Vous repentez-vous, mon frère?

— Je me repens!

— Mourez en paix.

— J'ai de l'or! beaucoup d'or, reprit une autre voix ; mais cet or, je l'ai gagné frauduleusement. J'ai fait l'usure. Les larmes du pauvre s'élèvent contre moi... Je voudrais tenir à cette heure cet argent maudit, le restituer ou l'employer en œuvres méritoires... Il charge ma conscience d'un poids énorme, il me semble que ce fardeau seul m'entraîne au fond de la mer.

— Restituerez-vous?

— Je restituerai!

— Au nom du Sauveur ami de la pauvreté, que votre agonie soit paisible! »

En ce moment un choc épouvantable ébranla le navire.

Un des vaisseaux de l'escadre venait de le heurter par le flanc.

Une clameur immense s'éleva.

Le navire dans lequel se trouvait Henriette-Marie bondit à une hauteur effrayante, tandis que la coque de l'autre bâtiment s'entr'ouvrait et sombrait.

On devina cette catastrophe à l'appel des naufragés, aux cris d'horreur de l'équipage.

Chacun crut que sa dernière heure était venue, et les aveux particuliers se confondirent dans ce mot :

« J'ai péché! j'ai péché! »

Les moines et les prêtres récitèrent le *De profundis.*

On n'entendit plus au milieu du déchaînement de la tempête que les sanglots du repentir et de déchirants adieux.

Henriette-Marie pressait sur sa poitrine un portrait du roi Charles.

Les yeux de Jessy se fixaient sur le crucifix qu'elle avait tiré de son sein.

Patrick gardait les bras serrés sur sa poitrine.

Trois des capucins demeuraient à terre, prosternés, s'offrant en holocauste pour le salut de tous.

Au matin il se fit un peu de calme.

Les vagues s'aplanirent, le vent s'abattit

On ne pouvait ni avancer ni reculer, mais la catastrophe semblait moins imminente.

Le capitaine descendit dans la cabine.

Il s'arrêta cependant sur le seuil en voyant ses passagers plus semblables à des spectres qu'à des hommes. Les visages portaient la trace des souffrances physiques et des tortures morales. Les yeux étaient rouges de pleurs, enfiévrés, la bouche crispée, les mains tremblantes.

Le capitaine demanda respectueusement à la reine ce qu'elle souhaitait.

« Monsieur, lui répondit-elle, je désire, comme tous mes compagnons d'infortune, que le sacrifice de la messe soit célébré, si cela est possible. »

Le capitaine jeta un rapide coup d'œil dans la salle.

Il parla bas à l'un des moines ; puis, remontant sur le pont, il descendit suivi de deux matelots.

On prépara une table, le prêtre passa un vêtement sacerdotal, et les deux matelots, s'agenouillant à ses côtés, lui soutinrent les bras comme jadis les Israélites firent pour Moïse.

Chacun des malheureux croyait assister pour la dernière fois aux divins mystères.

Les protestants eux-mêmes subissaient l'influence de cette cérémonie suprême. Leur attitude était grave. Membres dissidents de l'Église, ils ne déchiraient pas à la dernière heure le sein qui les avait portés.

La messe s'acheva.

Il semblait que la présence du Christ sur le navire eût, comme aux jours où s'enflait la mer de Tibériade, calmé soudainement les flots en courroux.

Mais sans doute pour maintenir dans la crainte ceux qu'il lui plaisait d'éprouver, il plut à Dieu de soulever de nouveau l'abîme, car la tempête reprit avec une furie nouvelle, et toutes les angoisses de la nuit recommencèrent.

Les prêtres se relayèrent pour réciter les psaumes.

L'effroi de la mort disparaissait à mesure que les pensées s'attachaient à l'espérance de la béatitude éternelle.

Dans la cabine on ne pouvait que deviner ce qui se passait sur le pont.

Les hommes réalisaient des prodiges, souvent hélas ! trop inutiles. Il fallait à toute heure pomper l'eau qui faisait irruption dans la cale, remplacer les mâts brisés, renouveler la toile, alléger le navire ou tenter d'en accélérer la marche.

Plus d'un brave marin tomba du haut d'une vergue dans la mer; plus d'un blessé par la chute d'un agrès dut bander sa blessure et reprendre sa besogne.

Le capitaine n'avait qu'un mot à dire, qu'un signe à faire.

Il ne s'agissait pas seulement de se montrer exact à l'observance de la discipline. On n'obéissait pas simplement par respect pour la hiérachie; d'une manœuvre dépendait le salut de deux cents personnes.

On agissait dans la nuit, au milieu de périls de tout genre. On prenait à peine le temps d'avaler un verre de rhum et de casser un biscuit.

La brèche demandait d'infatigables luttes.

La grande mer hurlante aboyait après sa proie.

On voyait encore neuf fanaux.

Le jour et la nuit se passèrent dans des alternatives de repos et de lutte à outrance.

Au matin, comme la veille, la messe fut célébrée.

Le quatrième jour, le capitaine décida les passagers à prendre quelque nourriture.

Le cinquième, un des vaisseaux, qui avait subi les plus grandes avaries et ne gardait plus même un tronçon de mât, se débattit contre les vagues et finit par disparaître.

Le sixième, on commença presque à s'accoutumer à l'idée de n'être séparé de la mort que par quelques planches.

Il devint même possible de faire accepter l'idée de prendre les repas d'une façon régulière.

La reine donna la première l'exemple de la confiance. Elle répétait à ses compagnons que si Dieu avait résolu de les faire périr, ils auraient été engloutis pendant la première nuit de la tempête. La gaieté naturelle de son caractère reprenait même parfois le dessus. Elle s'efforçait de paraître enjouée, afin de rassurer ses amis.

Cependant on se ferait difficilement une idée de tout ce qu'elle devait souffrir.

Ce n'était pas sa vie qu'elle tremblait de perdre, mais une heure pouvait anéantir le fruit d'une année de labeur et de martyre.

Dans les moments où elle demeurait immobile sur le lit de sa cabine, ne pouvant faire aucun mouvement, les yeux clos, s'abandonnant à l'épouvante physique que causent les mouvement du navire, elle voyait passer devant ses yeux les tableaux du passé ; elle se souvenait du temps où, fille de France, elle paraissait dotée de tous les bonheurs comme elle l'était de toutes les grâces. Elle se demandait ce qu'étaient les rois dans les mains de Dieu. Elle voyait tomber Henri II d'un coup de lance, Henri III sous le poignard, François II dévoré par le poison, Henri IV sous le couteau de Ravaillac; elle se voyait, elle, fille, femme et sœur des rois, ballottée dans un navire fatigué de la lutte, et qui pouvait brusquement l'abandonner à l'abîme. Alors elle cessait d'espérer et regardait sa cause comme perdue. Elle se disait qu'elle et Charles Stuart seraient les victimes de cette révolution de sang et de fanatisme. Elle ne voyait plus la nécessité de la lutte, et appelait le repos, le repos infini dans le sein de Dieu.

Mais le souvenir de ses enfants la galvanisait vite.

Elle les nommait avec des tendresses ineffables, elle suppliait Dieu de les laissser une heure encore à ses baisers.

Le septième jour, les passagers s'étaient tellement accoutumés à l'horreur même de cette situation qu'une vie presque normale avait commencé sur le navire.

Cependant l'équipage affaibli, décimé, était à bout. La plupart des matelots se trouvaient blessés et malades. Si la tempête continuait encore, il ne serait plus possible de songer à la manœuvre.

Le neuvième jour parut d'une longueur mortelle.

La nuit la tempête recommença ses violences, et le capitaine craignit un moment de perdre deux des plus solides navires de l'escadre.

Au matin du dixième une nouvelle que d'abord on ne voulut croire vint se confirmer.

On avait un port en vue.

La violence même de l'orage y poussa les navires.

Du petit point que l'on apercevait, des chaloupes furent immédiatement mises à la mer.

Matelots et passagers ne pouvaient plus se mouvoir. Henriette-Marie, malgré son courage, était incapable de se lever. On la transporta dans le canot avec Jessy O'Connor, Milord-Germain, son premier écuyer et son ministre, Patrick et ses officiers, suivirent dans une autre barque. On eût dit un convoi de trépassés; toute la population de la petite ville était sur pied, rangée en haie.

Les exclamations de pitié s'échappaient de toutes les lèvres.

En arrivant dans la maison qu'on venait de préparer pour elle, la reine s'évanouit.

Pendant deux jours on craignit pour sa vie.

Jessy O'Connor plus robuste la soigna jour et nuit.

Le premier mot d'Henriette fut.

« Les navires.

— Il en reste neuf à Votre Majesté, répondit Jessy.

— Dieu soit loué ! murmura la reine.

— On s'occupe activement à réparer les avaries, reprit Jessy; la population témoigne un zèle admirable. Nos pères capucins sont encore si mal qu'ils ne peuvent célébrer la messe qu'appuyés sur l'épaule des diacres.

— Et toi, Jessy ?

— Oh ! moi je suis guérie. »

Henriette se souleva un peu.

« Le temps est-il calmé?

— La mer est presque belle. Patrick est allé ce matin sur le port.

— Alors nous partirons bientôt ?

— Votre Majesté veut donc mourir ? demanda Jessy. Le médecin ordonne quinze jours de repos... quinze jours, et pas un de moins.

— Est-ce que le roi peut attendre ? » s'écria Henriette.

Un des prêtres qui avait fait la traversée demanda à parler à la reine. Henriette-Marie le reçut, et comme le saint ministre fit un devoir sacré à la courageuse femme d'attendre le délai fixé par le médecin, délai, dit-il en terminant, rendu nécessaire par l'état des navires, la reine promit de se montrer patiente.

On ne perdit pas un jour, pas une heure pour le ravitaillement des neuf vaisseaux.

Ils se trouvaient dans un état déplorable.

On fut en outre obligé d'enrôler des matelots, les équipages ayant été fort éprouvés.

A peine arrivée en Hollande, Henriette-Marie réunit des sommes élevées et les fit passer à Charles Ier; les diamants de la couronne mis en gage produisirent un chiffre important.

Les États de Hollande vinrent spontanément au secours de cette royale infortunée.

Le prince d'Orange vida ses coffres.

A diverses reprises Henriette envoya de l'argent à son mari. Grâce à elle, il maintint sur pied une petite armée, et au moment où la reine subissait toutes les angoisses de cette tempête, elle avait assez d'argent et d'armes pour qu'il fût possible de lever une armée de quarante mille hommes.

Charles l'attendait plein d'impatience. Prévenu de son voyage, il devait envoyer à sa rencontre une troupe de cavaliers pour protéger son débarquement. Soutenu par la grandeur d'âme dont elle donnait tant de preuves, appuyé par sa bonne noblesse écossaise, il gardait l'espoir de l'emporter sur la Révolution. Les luttes livrées depuis le départ d'Henriette pour la Hollande n'avaient pas donné de grands résultats. Elles prouvaient seulement que Charles Ier n'abandonnait pas la partie et qu'il espérait mourir l'épée à la main, s'il n'était pas dans les desseins de Dieu qu'il remontât sur le trône d'Angleterre.

Henriette savait que le duc d'York avait pu quitter Hull et rejoindre son père. Elle se réjouissait à la pensée de revoi r ses enfants, et d'oublier, en les pressant dans ses bras, qu'elle ne reverrait pas de longtemps cette petite Mary fiancée au prince d'Orange.

La reine se remit avec peine. Mais si grand était son désir de rejoindre le roi et de l'arracher à l'incertitude qui le devait torturer, qu'elle appelait le rembarquement de tous ses vœux.

La population de la petite ville assiégeait en quelque sorte la maison qui servait d'asile à Henriette. On faisait pour elle des prières dans les églises, quand on apprit qu'il lui était possible de se lever ; on l'appela à grands cris, et elle fut obligée de se montrer au balcon.

« Longue vie à la reine ! longue vie à Charles Ier ! » cria le peuple.

Le matin du départ, les rues étaient jonchées de fleurs, dernier et poétique adieu fait à la plus adorable et la plus malheureuse des reines.

Quoique très-faible, Henriette-Marie voulut faire le trajet à pied.

« Je n'ai pas d'autre moyen de les remercier, » dit, elle avec un sourire.

Arrivée sur le port, prête à descendre dans la barque qui la devait conduire à son vaisseau, elle vit au milieu de la foule une belle jeune fille qui la suivait d'un regard plein de respect et d'attendrissement. Henriette-Marie l'appela d'un signe, et, l'embrassant au front :

« Que toutes les femmes de ton pays, dit-elle, prennent leur part de cette caresse. »

Elle enleva un nœud de ruban de son corsage et ajouta:

« Je suis une reine proscrite et pauvre, portant à un époux l'aumône d'une grande nation ; je ne puis rien donner que ce souvenir, garde le en mémoire d'Henriette. »

La jeune fille le reçut en pleurant.

La reine descendit dans la barque.

Pendant que le canot franchissait la distance qui la séparait de son navire, elle dit adieu de la main au port qui lui avait été hospitalier. Une heure plus tard le bâtiment mettait à la voile.

L'orage était complétement dissipé. Le ciel était sans nuage. Le pilote souriait.

La reine, assise à l'arrière du navire, goûtait enfin une espérance prochaine.

Dieu semblait lui permettre d'aborder sur la côte d'Angleterre.

XVI

LA CABANE BOMBARDÉE.

La nouvelle traversée commença sous d'heureux auspices.

La reine, remise de ses fatigues, voyait approcher l'heure de contribuer efficacement à la victoire des royalistes. Ses amis, ses officiers se montraient pleins d'un noble zèle. L'épreuve passée semblait garantir le calme pour quelque temps. Jessy O'Connor se réjouissait de retrouver le vieux Finn-Bar. Patrick songeait à ses frères. On se rapprochait enfin de la côte anglaise, qui, si elle n'était pas à cette heure complétement amie, ne pouvait au moins refuser passage.

Les cœurs se dilataient, on respirait un peu; les nouvelles reçues à la Haye attestaient quelques avantages.

Dieu permettait enfin que Henriette-Marie accomplit sa mission.

Henriette se tenait par une matinée brumeuse et froide sur le pont du navire ; elle pressait sur sa poitrine les plis d'une mante de soie noire, tandis que Jessy s'entourait d'une cape rouge.

Les hommes nettoyaient le pont, rangeaient les cordages, frottaient les cuivres.

La joyeuse animation du labeur circulait dans les groupes.

Tout à coup l'homme placé en vigie cria :

« Navire à babord ! »

Le capitaine saisit sa longue vue et regarda.

Un navire surgissait en effet, émergeant autant du brouillard que de la mer.

Mais bientôt un second navire fut en vue, et peu après un troisième devint visible.

La reine, s'apercevant de l'inquiétude du capitaine, s'approcha pour lui en demander la cause.

Il répondit d'une façon évasive.

Henriette insista.

Alors le capitaine lui dit gravement :

« Votre Majesté n'a rien à craindre de la mer, elle peut tout redouter des hommes.

— Ainsi, les navires signalés...?

— Sont des navires anglais.

— Navires marchands... peut-être, objecta la reine qui tentait de se rattacher à une espérance.

— Vaisseaux de l'État, répondit le capitaine ; le pavillon amiral flotte sur l'un deux.

— Le parlement nous fait donner la chasse, soit ! Le parlement ne saurait être mieux servi que le roi. Si j'ai pu échapper à une tempête de neuf jours, je me sauverai de la flotte de Batten. Allons, bon courage, Monsieur, le droit et la justice divine sont avec nous !

— J'attends les ordres de Votre Majesté !

— A tout prix je dois aborder en Angleterre.

— Votre Majesté comprend la portée de ce mot ?

— Je la comprends si bien que si, ayant usé de tous les moyens humains pour devancer la flotte ennemie, vous craigniez de vous voir cerner, je vous ordonnerais de faire sauter le navire. »

Le capitaine s'inclina et courut donner des ordres.

En un instant des signaux furent transmis aux huit navires de la reine.

On vit subitement les bâtiments couverts de toile filer sur la mer avec une rapidité vertigineuse.

Mais en observant la flotte anglaise, il fut aisé de s'assurer qu'elle copiait la manœuvre des vaisseaux hollandais.

Milord Germain, les officiers de la reine, ses amis, ne pouvaient détacher leurs yeux de ce spectacle. Les bâtiments de la reine gardaient l'avantage. Ils étaient plus légers de coque que les lourds vaisseaux de guerre du parlement. Ceux-ci, pour compenser ces inconvénients, reçurent une impulsion nouvelle. Batten, comprenant qu'il ne rejoindrait point les navires de Henriette-Marie, entreprit de leur couper le passage.

Si la flotte en venait à former un demi-cercle et à barrer la route, il était presque impossible de lui échapper.

Mais le capitaine, sachant quelle responsabilité terrible pesait sur lui, montra une prudence égale à son habileté!

Deux ou trois fois il changea de tactique.

Batten ne pouvait plus se regarder comme assuré de la marche qu'il voulait copier.

Forcé de régler la course de ses vaisseaux sur celle des navires de la reine, il changeait sa marche à mesure que les navires hollandais précipitaient ou ralentissaient la leur.

Pendant tout le jour ce fut une véritable cohue.

Henriette-Marie ne perdit pas un instant courage. Quand approcha la nuit, elle fit mander de nouveau le capitaine.

« Monsieur, lui dit-elle, si nous ne profitons pas des ténèbres pour échapper à l'ennemi, nous sommes inévitablement perdus...

— Hélas ! Votre Majesté pense-t-elle que cette même obscurité peut nous jeter au milieu de la flotte?

— Nous jouons un enjeu terrible, mais la côte est proche, et dans quelques heures nous pouvons aborder.

— Nous manquons de pilote, et les passages sont dangereux, fit observer le capitaine.

— Monsieur, dit Henriette en relevant son beau visage réflétant une sainte exaltation, souvenez-vous que les reines ne font pas naufrage. »

Un cri enthousiaste accueillit ces paroles de la reine.

Le capitaine céda.

« Avant quatre heures nous serons pris ou libres.

— De toute façon nous serons libres, Monsieur ; la petite-fille de Henri IV ne sera jamais prisonnière. »

La nuit tomba complétement, une nuit opaque, sans lune, sans étoile.

Les fanaux furent éteints.

Les bâtiments hollandais, chargés de voile, pliaient et couraient. C'était une partie dangereuse, mortelle que celle-là. Henriette le sentait; son émotion grandissait de telle sorte qu'elle ne parlait plus et se contentait de serrer la main de Jessy.

De temps en temps on jetait la sonde.

Le rivage n'était pas loin désormais, et bientôt il fut possible de juger, à une opacité plus grande, qu'on se trouvait fort près du rivage.

Les embarcations furent immédiatement mises à la mer; Henriette, Jessy et les officiers entrèrent dans le premier canot.

Les caisses, contenant des valeurs importantes, furent confiées au capitaine, qui s'engagea à faire décharger les navires avec toute la célérité possible, après les avoir mis en sûreté.

Henriette distingua la terre aux premières lueurs du matin.

Sur la côte se dressaient les toits de quelques pauvres maisons.

On était au mois de février.

Le froid se faisait cruellement sentir.

Quand les matelots laissèrent tomber les rames, la reine poussa un cri de délivrance

Elle touchait enfin la terre anglaise et se trouvait à quelques journées du camp de Charles Ier.

Les clartés du matin blanchirent le ciel.

Les pêcheurs du village sortirent de leurs misérables maisons.

Henriette apprit qu'elle se trouvait à Barlington, dans le Yorkshire.

Les pêcheurs formaient une petite population de braves gens. En apprenant que l'épouse de leur roi se trouvait au milieu d'eux, ils témoignèrent un empressement et une joie qui parut à Henriette-Marie du plus heureux augure. Elle avait besoin, non pas seulement de se sentir aimée, mais aimée sur la terre anglaise.

Le roi se trouvait alors à York.

Henriette lui envoya Patrick, chargé de dépêches, et porteur de nouvelles capables de rallumer le zèle de l'armée. La reine annonçait qu'elle attendrait à Barlington qu'une troupe de cavaliers la vînt chercher.

Pendant quelques jours elle se reposa, au milieu de ses amis, des inquiétudes de cette seconde traversée. Elle apprit que les armes et les munitions venues de Hollande seraient prochainement à destination. La gaieté naturelle de son caractère reprit le dessus. Elle avait foi dans l'avenir, savait Charles brave, et comptait sur les cavaliers comme sur une armée d'archanges tenant en main le glaive vengeur. Après avoir bravé et vaincu tant de périls, elle ne pouvait succomber dans la lutte. Comme elle apprécierait plus tard le repos! comme elle jouirait de la sécurité! avec quelle joie elle savourerait ses félicités d'épouse et de mère si cruellement menacées!

Elle tenait sa petite cour dans une maison de pêcheurs, à laquelle rien ne fut changé par son ordre.

Elle comparait en riant ces réceptions à celles de Whitehall, de Windsor, de Saint-James, aux fêtes de la cour de France dont milord Germain se souvenait.

Elle assurait se plaire mille fois mieux dans ce village misérable que dans le château de Windsor, où elle avait dû pendant plusieurs mois s'imposer une grande gêne.

« Jamais tu ne sauras, ma Jessy, combien mon cœur se serrait à l'heure où je paraissais toute livrée au plaisir de la chasse. Je me demandais si un assassin ne guettait pas le roi dans quelque fourré; je tremblais sans trêve. Dans la foule je savais, à n'en pouvoir douter, qu'il se cachait des espions... Le père de Georgina était mon ennemi mortel...

— Pauvre Georgy ! murmura l'Irlandaise.

— Va, je ne l'accuse pas, elle ! c'est une chère et douce enfant. Si elle peut quelque chose pour nous, elle le fera ; mais l'ambition d'Egton est immense, et pour la satisfaire il ne regardera pas aux moyens. Maintenant, quelques officiers, milord Germain et toi, voilà mes courtisans et mes filles d'honneur... Et toi ? demanda la reine à Jessy avec une intimité affectueuse, es-tu heureuse ?

— Je ne puis l'être tant que Votre Majesté sera proscrite et menacée.

— Avant un mois je rentrerai triomphante à Londres.

— Alors je demanderai mon congé à Votre Majesté.

— Tu me quitterais ! s'écria Henriette-Marie; ah ! Jessy !

— Votre Majesté sait que je l'aime plus que toute créature au monde !

— Plus que Patrick Mac O'Rourke ? demanda la reine avec un malicieux sourire.

— Patrick est mon frère, répondit gravement Jessy.

— Patrick fut ton fiancé et deviendra ton époux.

— Jamais ! s'écria la fille des O'Connor.

— Il le deviendra le jour où l'Irlande sera libre !

— Ah ! fit Jessy, si cette œuvre s'accomplit jamais !...

— Elle s'accomplira, mon amie ! Trop de noble sang a été versé pour que la liberté ne germe pas sur ce sol. L'Irlande, terre martyre, sera délivrée et mise à son rang par les Stuarts persécutés ; l'Irlande est pour moi l'image de la France même. Mon âme catholique s'émeut et souffre de toutes les blessures faites à Erin, Erin à la harpe d'or ; ah ! j'en jure par mes misères, si le roi Charles l'emporte sur le parlement et les *têtes rondes,* s'il met enfin le pied sur Cromwell, je prendrai plutôt le commandement de l'armée chargée de défendre le sol irlandais, de restituer à ses lords leurs propriétés spoliées, de relever ses églises, et d'affranchir ses ports, que de laisser périr la terre qui nous a donné son or et le sang de ses fils.

— Madame, répliqua Jessy en baisant la main de la reine, je ne sais ce que le Ciel décidera ; mais pour la volonté qui vous porte à la défense de ma patrie, je vous dois, comme Finn-Bar et comme tous les Irlandais, un dévouement qui ne finira qu'avec ma vie... Vous me parliez tout à l'heure de mes fiançailles avec Patrick: je les ai rompues volontairement, ne croyant point que les individus ont le droit d'être heureux quand les nations pâtissent. Ah ! sans doute, plus d'une fois mon cœur, mon lâche cœur s'est révolté... Pendant cette horrible tempête de neuf jours qui menaça de nous engloutir tous, ce m'était un amer bonheur que d'expirer près de Patrick, puisque le Ciel ne paraissait devoir permettre ni le salut du pays ni notre salut à nous. Je l'aime de toutes les forces d'une partie de moi-même, la plus égoïste et la plus faible sans doute... Je prie le Seigneur de me pardonner cette faute ; mais en même temps que je lui demande l'affranchissement de ma patrie, je souhaite rentrer dans ma propre liberté. »

Henriette attira Jessy et l'embrassa au front.

« Il est tard, dit la reine ; va reposer, mon enfant. Je crois que cette nuit je dormirai bien. »

Jessy se retira dans la petite chambre qu'elle occupait à côté de celle de la reine.

Il était environ onze heures du soir.

En ce moment un pêcheur qui retirait ses filets regarda tout surpris les fanaux de plusieurs navires.

Aucun bâtiment n'était en vue dans la journée.

Cet homme ignorait complétement l'existence de la flotte de Batten, mais dans ce temps de guerre civile tout devenait effrayant. On jugeait les covenantaires capables de tout. Il ne paraissait pas invraisemblable que le parlement eût formé le projet de s'emparer de la personne de la reine.

Le pêcheur se coucha sur le galet, frissonnant de froid, mais curieux de voir si les fanaux se rapprochaient.

Il ne douta bientôt plus que les navires eussent une intention mauvaise.

Quittant son poste d'observation, il courut à la maison habitée par le premier écuyer de la reine.

Milord Germain s'éveilla brusquement.

« Au nom de la reine, dit le pauvre homme, levez-vous, milord, et venez reconnaitre... »

Tob ne put achever.

Un violent coup de canon fit trembler la chétive maison sur sa base.

« On bombarde le village ? demanda milord Germain.

— On trame d'enlever ou d'assassiner la reine. »

En un instant le premier écuyer fut debout.

Les coups de canon se succédaient. L'un

d'eux venait d'abattre le pan de muraille d'un petit enclos. Celui qui suivit brisa la cheminée de la cabane habitée par Henriette-Marie.

Milord Germain courut au logis de la reine. Henriette et Jessy, reculées dans un angle, se trouvaient loin en ce moment de la soirée. Henriette n'avait sur elle qu'un long vêtement de nuit.

Le canon l'avait éveillée en sursaut. Elle ne comprenait pas bien encore ce qui se passait. L'arrivée de milord Germain l'éclaira sur la gravité de la situation.

« Il faut fuir, dit le ministre, fuir sans perdre une minute.

— Dieu ne le veut pas, s'écria Henriette.

— Madame, dit Jessy, ce sont les hommes qui s'abandonnent eux-mêmes. Vous vous devez à l'Angleterre et à Charles Ier.

— Mais où aller? » demanda la reine.

Jessy passa une robe à la reine et l'agraffa.

« La côte ne doit point manquer de refuge... Nous connaissons les cavernes, nous autres Irlandais proscrits depuis si longtemps. »

Les vitres de la cabane volèrent en éclats, un trou béant s'ouvrit dans la muraille.

Henriette se précipita vers la porte.

« Connais-tu les grottes du pays ? demanda Germain au pêcheur qui le suivait.

— Toutes, milord.

— Conduis-nous vers la plus sûre. »

Henriette s'appuya sur le bras de Jessy O'Connor et tenta de suivre la course désespérée de l'Irlandaise.

La marche devenait périlleuse.

Le village était décidément bombardé.

Deux maisons brûlaient.

Tous les habitants consternés s'armaient à la hâte dans la prévision d'une descente.

Batten, furieux d'avoir échoué dans sa tentative de cerner la flotte de Henriette, faisait le siége de sa maison.

La reine brisée d'émotion, tremblante, irritée de la lâcheté de Batten, avait peine à courir sur le galet humide. Elle glissait sur les varechs et les goemons.

Un de ses pieds se prit entre deux roches, et elle perdit une de ses chaussures. Jessy s'en aperçut et força la reine à prendre ses mules. L'Irlandaise marchait héroïquement sur les pierres aiguës, sans souci de la douleur.

Le pêcheur courait en avant.

Tout à coup la reine s'arrêta.

« Mitte ! s'écrie-t-elle, j'ai oublié Mitte ! »

Mitte était une horrible, mais fidèle petite chienne, que la reine aimait beaucoup.

Jessy eut un mouvement d'effroi. Elle comprit tout le chagrin d'Henriette-Marie; elle devina ce qu'elle voulait faire. Mais dans une circonstance aussi terrible, était-il raisonnable de songer au salut de cette petite créature?

« — Mitte! répéta la reine, il me faut Mitte!

— Votre Majesté n'est pas à l'abri, dit milord Germain; une fois que nous la saurons en sûreté, nous songerons à Mitte.

— On la tuera, dit la reine, le roi l'aime beaucoup, et mes enfants ne peuvent s'en passer. Attendez-moi, » ajouta-t-elle.

Henriette retourna sur ses pas.

Sourde aux avis, aux prières, elle courut dans la direction de sa maison.

Jessy et ses amis la suivaient, résignés à mourir avec elle.

La reine rentra dans la cabane à demi ruinée.

Mitte se tenait blottie dans un bahut, hurlant, pleurant.

La reine l'appela.

Mitte jappa en aboyant, et Henriette la prit dans ses bras.

On avait perdu beaucoup de temps.

La nuit s'avançait.

Le pêcheur se désespérait, et envoyait Mitte au diable dans un anglais pitoyable.

Jessy ne se plaignait point, mais les blessures de ses pieds la faisaient cruellement souffrir.

Le pêcheur allait en avant.

Enfin il s'arrêta, étendit le bras, et dit laconiquement :

« C'est là. »

Jessy escalada les roches la première, puis tendit à la reine ses deux mains.

Milord Germain et les officiers de la suite d'Henriette arrivèrent ensuite.

Les vêtements de la reine étaient trempées de l'eau des vagues. Le froid était glacial.

Tob gravit en haut des roches, arracha quelques broussailles et alluma du feu.

Mais la caverne manquait d'issue pour la fumée, et on se vit forcé de renoncer à réchauffer la grotte.

L'avis de la reine était de gagner les montagnes voisines qui, bien boisées, formeraient une retraite assez sûre, et d'envoyer de là un nouveau messager à Charles Ier.

Un séjour prolongé dans la grotte était impossible.

Batten, après avoir ravagé la côte, la visiterait, et les fugitifs seraient faits prisonniers ou enfumés comme des renards dans leur tanière.

On décida que le pêcheur servirait de guide à la petite troupe. Une fois Henriette et ses amis campés dans la montagne, Tob, avec un des officiers de la reine, prendrait le chemin de York où se trouvait le roi.

Le pêcheur alla aux provisions.

Henriette de France souffrit de la faim pendant cette terrible journée.

La nuit venue, elle quitta la caverne, et, suivie de ses amis, longea quelque temps la côte avant de monter sur la falaise.

L'ascension présentait de grandes difficultés.

Le pêcheur franchissait avec une aisance fantastique les degrés de rochers anguleux et mal équilibrés, mais le pied des officiers trouvait difficilement les interstices de la pierre. Jamais sans Jessy O'Connor la reine ne fut venue à bout de gravir la falaise. »

Sa mante de soie s'accrocha à un jeune pin, puis le vent l'enleva.

Jessy enveloppa la reine de sa cape rouge.

« Comme cela, dit-elle, Votre Majesté est tout à fait Irlandaise !

La petite troupe n'avait ni lanternes ni torches.

On craignait avec raison que Batten eût fait débarquer à terre quelques-uns de ses soldats. Il fallait marcher pendant cette nuit encore avec des précautions de sauvages.

Henriette-Marie succombait de lassitude.

Vingt fois elle fut tentée de s'asseoir sur la route et de ne plus continuer sa lutte contre la destinée.

Mais alors Jessy la soulevait de son bras robuste, et d'un mot réveillait son courage.

La nuit s'achevait quand on entra dans la forêt.

Comme on ne craignait plus que les ennemis aperçussent les feux de bivouac, on se réchauffa au feu et on sécha les habits transpercés par l'eau de la mer et l'abondante rosée de la nuit.

Le matin parut lentement.

Quand le soleil se leva, il éclaira une forêt d'une magnificence inouïe. Des chênes centenaires, des pins gigantesques, des bouleaux frissonnants sous le vent, s'unissaient pour former une ombre impénétrable.

Le tronc d'un arbre abattu par la cognée servit de siége à Henriette et à Jessy.

Tob courait à la découverte.

Il aperçut une maison de bûcherons et demanda l'hospitalité au nom de la reine d'Angleterre.

Une fois encore la maison du pauvre s'ouvrit pour la petite-fille d'Henri IV. A peine Tob et l'un des officiers de confiance de la reine eurent-ils pris un frugal repas, qu'ils partirent dans la direction de la ville d'York.

Le campement de l'armée du roi était à Nottingham. Là il avait concentré ses forces et levé l'étendard royal convoquant à la guerre les défenseurs de la justice et de la royauté ! De grands noms répondirent à l'appel de Charles : le marquis de Herford, le comte de Northampton, lord Strange, sir Ralph Hoptan, Sir Henri Hastings remportèrent en son nom quelques succès dans les comtés de l'Ouest et du Nord. Le gouverneur de Portsmouth se déclarait du parti du roi ; les cavaliers se levaient de tous côtés, parcourant les campagnes, enrôlant des soldats, obtenant des armes et de l'argent. Ils rentraient à York avec des recrues vaillantes ; l'armée du roi grossissait. Charles, voulant payer de sa personne, parcourut lui-même les comtés d'York, de Leicester, de Derby, de Nottingham, de Lincoln. Il convoquait la noblesse, faisait appel à sa fidélité, ralliait ceux qu'entraînait la défection, fortifiait les faibles, et séduisait tout le monde par sa grâce affable, ses discours, ses promesses.

Bientôt on ne vit plus dans ces comtés que châteaux mis en état de défense, ouvriers travaillant à réparer des murailles, routes couvertes de convois, de chevaux, d'hommes armés, de milices s'exerçant au maniement du mousquet et du sabre.

L'image de la guerre se présentait partout.

Quand Charles résolut d'appeler officiellement ses sujets aux armes, il écrivit une proclamation qu'il fit lire du sommet d'une colline dominant la ville de Nottingham.

Cette proclamation avait été rédigée avec un soin extrême. Charles craignait d'en dire trop ou trop peu. Au moment même de la remettre au héraut, un scrupule s'éleva dans l'esprit du roi, il reprit le parchemin et corrigea quelques mots sur son genou.

A peine la proclamation fut-elle achevée que les trompettes sonnèrent.

En même temps fut arboré l'étendard royal portant pour divise : « *Rendez à César ce qui appartient à César.* »

Il est dans l'histoire des princes et dans celle des révolutions des faits qui tiennent sans nul doute au hasard, et qui ressemblent pourtant à des menaces.

Lors de l'élévation de Charles IV à l'empire

germanique, on s'effraya en voyant que la bannière impériale venait d'être précipitée dans le Rhin.

Lors de la *levée de l'étendard* de Charles Ier, ce même fait se présenta presque.

Le temps était sombre. Le vent soufflait avec force. Rien sur la tour du château de Nottingham n'était disposé pour maintenir l'étendard royal. On ne se souvenait point du reste que cette cérémonie eût eu lieu depuis Richard III. Le vent abattit brusquement l'étendard qu'on venait d'élever à la vue de l'armée.

Charles fit un mouvement de contrariété :

« Pourquoi le placer là ? dit-il ; il devait flotter librement dans un lieu ouvert à tous et non dans une prison. »

Les hérauts prirent l'étendard et le transportèrent dans la cour.

Une autre difficulté se présenta.

Le château était bâti sur le roc, et il devenait impossible de creuser un trou assez profond pour que l'étendard s'y enfonçât solidement. Avec leurs poignards les hérauts agrandirent une ouverture naturelle pour fixer la hampe, mais l'étendard ne put tenir, et pendant plusieurs heures il fallut le soutenir à bras.

Le roi et les assistants regardèrent ce fait comme un présage.

Cependant la confiance dans la sainteté de sa cause et l'assurance de recevoir de nouveaux secours de Hollande fortifiaient Charles. Le message de Patrick, qui lui apprit l'arrivée de Henriette-Marie en dépit de la flotte de Batten, le remplit de joie ; mais à peine avait-il ordonné au comte de Newcastle de courir à Bastington, que Tob et celui des officiers qui l'accompagnait entrèrent à leur tour à Nottingham. Tob apportait la nouvelle du bombardement de Bastington.

Il était trop tard pour rejoindre le comte de Newcastle par la route ordinaire. Mais Tob s'engagea à le devancer en prenant un chemin de traverse.

Grâce à lui, Newcastle put arriver rapidement auprès de la reine, avec les cavaliers qu'il amenait pour protéger son voyage.

Henriette-Marie voulut immédiatement monter à cheval. Sur la route elle enrégimenta des soldats, distribua les armes qu'elle avait apportées, releva le courage des royalistes. Dédaigneuse de toutes les habitudes de luxe et de mollesse, elle tint à honneur de vivre comme les soldats du roi son mari.

Comme eux courant à cheval, comme eux

mangeant à découvert, et bivouaquant sans souci de la fatigue, elle les traitait en frères luttant pour la même cause, et aidait autant au salut du roi par cette façon d'agir que Charles par la grandeur d'âme dont il donnait des preuves.

On n'éprouvait pas seulement pour elle de l'admiration, elle inspirait un culte véritable. Ce qui charmait en elle, était un mélange de douceur et d'énergie, de grâce féminine et d'audace virile. Elle n'affectait point l'air soldatesque de quelques héroïnes, ni l'habit de Christine de Suède dont se railla si bien la cour de Versailles. On sentait que la princesse de France fût restée par goût cachée dans son palais, entre les murs de son appartement, élevant ses enfants avec tendresse, se plaisant à donner des fêtes intelligentes ; le dévouement seul lui commandait de se mettre à la tête d'une armée.

La campagne de Henriette ne resta pas sans gloire : elle prit une ville en chemin, et en apporta à Nottingham les clefs à son mari.

Jusqu'à ce moment, entre le parlement et le roi on ne s'était pour ainsi dire livré que des escarmouches ; la bataille changeait de face, et le sort du roi allait se décider.

XVII

LE COMPLOT.

Lady Aubigny était assise dans une grande salle sombre, meublée de bahuts et de dressoirs, tendue de tapisseries austères. Bien qu'elle fût jeune, lady Aubigny était si grave, et de telles préoccupations laissaient leurs traces sur son visage, qu'on se demandait quelles douleurs immobilisaient cette belle physionomie et quel secret alourdissait ce front de vingt ans.

Devant elles des cartes grossièrement dessinées, marquées de raies rouges et de points bleus, coupées de lignes, hérissées d'épingles, rappelaient des études de stratégie. Un coffret fermé était sous l'une de ses mains, comme si elle tremblait qu'on le lui enlevât. Une longue liste comprenant des noms de lords, de bourgeois et de marchands, s'étalait près de lettres nombreuses lues à la hâte, comme l'attestait la façon dont les enveloppes étaient déchirées.

Lady Aubigny consultait souvent du regard l'horloge placée devant elle, et murmurait à voix basse :

« Elle ne viendra donc pas ! »

Certes, ce n'était point la femme qu'elle attendait, qui parut subitement devant elle, car, en apercevant la visiteuse, lady Aubigny pâlit, et son œil lança un éclair plein de menaces.

Cependant elle n'avait près d'elle qu'une femme, une grande dame, une lady comme elle.

La camériste qui venait, non pas de l'introduire, mais de tenter au contraire de s'opposer à sa brusque entrée dans le cabinet de sa maîtresse, paraissait presque aussi effrayée que lady Aubigny.

Mais la jeune femme qui forçait si bien la porte de ses belles amies, ne parut point s'apercevoir de l'émotion désagréable que sa vue causait à lady Aubigny. Elle s'appuya d'une main sur la table et tendit l'autre à son amie.

« Vous ne comptiez pas me voir, lady Aubigny ! mais j'aime les surprises. J'arrive sans être attendue... comme la mort et comme les voleurs... J'avoue pourtant que je vous croyais à votre toilette, et je ne m'attendais guère à vous trouver occupée de choses si sérieuses.

— Croyez-vous les aimer seule, lady Carlisle?

— Bah ! j'ai joué un moment à la politique comme on joue à la coquetterie.

— Il existe une grande différence entre ces deux divertissements, répondit lady Aubigny; l'un s'apprend seul, l'autre demande un maître. »

Lady Carlisle rougit.

Elle feignit pourtant de ne point comprendre l'allusion que lady Aubigny faisait à sa liaison avec Pym, et répondit avec une grande légèreté dans l'accent :

« Vous croyez ? au fait, c'est possible. Mais à ce compte quel précepteur choisissez-vous ? On ne rencontre pas chez moi de cartes mieux pointées ni de papier à mine plus sombre... Vous avez, ma chère, beaucoup appris en peu de temps !

— Les affaires sont bien assez graves pour nous intéresser, il me semble, reprit lady Aubigny. Et par le fait, lady Carlisle, cette guerre pourrait un peu se nommer la guerre des femmes. Une femme en est l'héroïne, Henriette-Marie, une Irlandaise en est l'ange mystérieux.

— Une femme en est l'âme en ce moment, ajouta lady Carlisle ; vous vous oubliez...

— Moi, quel rapport ?

— Vous avez fait assez de visites à Charles Ier.

— Si je suis allée à Oxford, dit vivement lady Aubigny, vous savez bien...

— Que c'était pour vos affaires personnelles... le parlement l'a cru et il a autorisé vos visites... mais s'il eût existé un parlement de femmes, et que lady Carlisle en eût fait partie...

— Je vous disais tout à l'heure que notre guerre était une guerre de femmes, dit lady Aubigny en se levant ; il n'y eut jamais de guerres sans défections et sans espionnages. Je ne cache point mes sympathies. Nous vivons dans un temps où il faut les avouer sous peine de se montrer lâche. Aussi épier les secrets est doublement cruel ou imprudent, quand celle que l'on suspecte n'a rien à cacher.

— Vous oubliez que nous avons été amies, dit lady Carlisle.

— Vous oubliez qu'on vous accuse d'avoir trahi le secret de la reine.

— Je l'ai regretté, dit vivement lady Carlisle. Si à cette heure je ne me trouvais pas engagée comme je le suis... Tenez, oh ! tenez, une fois, une seule, laissez-moi vous parler à cœur ouvert, je suis malheureuse et je souffre... je suis tombée de haut, et j'ai roulé au fond de l'abîme. Ma chute n'est pas seulement une déchéance de femme, elle entraîne une catastrophe horrible. Lady Carlisle a tout oublié pour un petit gentilhomme ; la royaliste est entrée dans les complots d'un ami de Cromwell; la catholique a fait cause commune avec les covenantaires... Toutes ces turpitudes me font moi-même me prendre en haine et en dégoût... Je suis venue chez vous dans une heure d'ennui, de tristesse; je me sentais railleuse par désespoir, et en voyant d'un seul regard votre noble vie, en vous trouvant patiente, dévouée à la même œuvre, prête au martyre pour votre foi religieuse et pour votre foi politique, je me sens telle que je suis, et l'aveu de ma dégradation me soulage, et m'enlève, il me semble, un peu de la fange qui m'a souillée...

— Je n'ai jamais jeté la pierre à personne, dit lady Aubigny, je ne commencerai pas par vous. Je comprends jusqu'à un certain point l'empire que prend un homme du caractère de Pym sur une femme faible et vaincue... Mais à l'heure où le remords parle, si comme vous dites il parle en vous, on peut mettre un abîme entre soi et le passé.

— J'y ai pensé, dit lady Carlisle.

— Faites-le.

— Je me sens faible, avouons-le, lâche... Nul ne croira à mon repentir ; nul ne me tendra la main... On m'accusera toujours d'avoir fait manquer la tentative de Charles Ier pour dominer un parlement hostile; et cependant, cependant je ne songeais pas à cette heure à m'opposer aux projets du roi... Je voulais sauver un homme accusé, condamné. Il me fallait la vie de Pym, j'ai hasardé la couronne d'Angleterre... Ne suis-je pas quitte et libre maintenant ?

— On reste toujours libre de bien faire, répondit doucement lady Aubigny.

— Oui, sans doute, les natures grandes et généreuses... mais moi, qui ne saurais répondre de l'avenir en raison du passé, je me débattrai sans fin peut-être dans des nœuds difficiles à rompre... Je me trouve seule dans la vie... Lord Carlisle est mort... Ma famille, dont presque tous les membres sont royalistes, me voit d'un mauvais œil... J'ai négligé des amitiés bonnes et saintes... J'en ai abusé... Il me faudrait cependant une confidente à mon repentir, une compagne à ma solitude. »

Lady Carlisle se pencha sur l'épaule de lady Aubigny.

— Toutes les femmes, dit-elle, n'oseraient prendre ma défense et m'honorer d'un peu de pitié... Et cependant je me sens malheureuse et réprouvée... Ma gaieté est un masque, je hais ma beauté... Mon esprit ne me sert qu'à déguiser sous la raillerie les désespérances de mon âme. »

Lady Carlisle étouffa un sanglot.

Ses yeux restaient secs, cependant.

Tandis que sa voix passait par toutes les gammes de la douleur, elle conservait un sang-froid complet et son regard de lynx faisait rapidement l'inventaire des papiers posés sur la table.

D'après les pointures de la carte, il devenait facile de se rendre compte de la situation de l'armée du roi Charles ; quelques noms placés sur la liste que lady Aubigny avait à la hâte et incomplètement couverte de feuilles blanches, gardaient une signification énorme.

Lady Aubigny, touchée des paroles de lady Carlisle, tourna vers elle son beau et calme visage.

Quelque rapide qu'eût été le mouvement de lady Aubigny, lady Carlisle eut le temps de composer sa mobile physionomie.

Puis se jetant aux pieds de lady Aubigny, elle s'écria :

« Sauvez-moi, vous seule le pouvez ! »

Par ce geste brusque elle renversa une assez grande cassette placée non loin de lady Aubigny, sur un petit guéridon.

Une pluie de marguerites tomba sur le tapis.

Par un de ces hasards étranges d'où dépendent souvent les entreprises les plus graves, les yeux de lady Carlisle virent que la date du 31 mai, jour de la *Sainte-Marguerite*, était soulignée sur un calendrier.

La jeune femme releva les fleurs avec un visible embarras.

« Bah ! dit-elle, vous allez au bal... vous ! tant de fleurs, chacune munie d'une épingle... avec de la gaze blanche et des dentelles, ce sera charmant... »

Elle regretta vivement sa maladresse, et s'excusa en termes pleins d'humilité et de grâce.

Mais lady Aubigny ne l'écoutait plus. Une sorte de stupeur l'envahissait. Elle se demandait si, à cette heure, elle ne cédait point à l'espèce de fascination que le serpent exerce sur l'oiseau.

Lady Carlisle replaçait la cassette sur la table, quand une fille de service écarta la portière de velours et s'effaça pour laisser s'avancer Jessy O'Connor.

« Ah ! » s'écria lady Aubigny avec élan.

Lady Carlisle regarda fixement la nouvelle venue.

« Où ai-je vu cette femme ? » se demanda-t-elle.

Elle était sûre d'avoir rencontré déjà ce clair regard, cette tête idéale de beauté. Mais elle ne parvenait point à fixer ses souvenirs flottants.

Cela tenait simplement au changement que Jessy s'était vue forcée d'opérer dans son costume. La nation irlandaise n'était pas assez bien vue en Angleterre pour qu'il fût possible à Jessy de porter encore la mante nationale. Chargée des intérêts de la reine à Londres, initiée comme lady Aubigny et Georgina aux secrets de cette guerre dans laquelle les femmes eurent en réalité une part si grande et si noble, Jessy devait redoubler de prudence, et ne rien faire qui fût capable d'éveiller le soupçon.

En apercevant lady Carlisle, qu'elle reconnut du premier coup d'œil, elle frissonna.

Son regard interrogea lady Aubigny.

Mais celle-ci n'eut même pas le temps de souhaiter à Jessy la bienvenue, car lady Carlisle se hâta de faire de rapides adieux à lady Aubigny.

Jessy ne revenait pas encore de la surprise

dans laquelle la jetait cette apparition, que lady Carlisle était déjà loin.

« Vous recevez cette femme ? demanda Jessy.

— Non, mon amie ; depuis une année je ne l'avais pas rencontrée... elle est venue, pourquoi ? je ne l'ai pas compris d'abord... Mais elle a pleuré, elle m'a dit qu'elle se repentait de ses légèretés, de ses trahisons...

— Elle ment, dit Jessy.

— Je crois qu'elle a pleuré !..

— Elle n'a pas pleuré, lady Aubigny. »

Le regard de Jessy inspecta l'appartement.

« Ma chère Esther, dit Jessy, nous sentons la conspiration, et comme ils disent, le *papisme* d'une lieue... Il y en a sur cette table dix fois plus qu'il ne faut pour compromettre des gens connus, à plus forte raison des gens suspects... Enfin, ce qui me rassure, c'est que nous devons agir trop rapidement pour qu'il soit possible de nous entraver désormais.

— Que savez-vous ? demanda vivement lady Aubigny.

— Je quitte Georgina. La pauvre enfant paie cher l'honneur de servir la bonne cause ! Fasse le Ciel qu'un jour elle soit récompensée de ce qu'elle endure... Elle a vu Edmond Waller, ce jeune homme a le cœur d'un royaliste et l'esprit d'un poëte ! comment se fait-il que le premier génie de l'Angleterre, Milton, manque du feu sacré qui inspire celui-ci. Waller comprend et a fait comprendre à tous ses amis que la situation présente dure depuis trop longtemps déjà.

Le peuple, placé entre le roi et le parlement, court doubles risques. Essex d'un côté, le fougueux prince Rupert de l'autre tiennent les deux partis en échec. On a fait les mêmes sacrifices sous des influences différentes. Si les femmes de Londres ont sacrifié leurs bijoux au parlement, les universités d'Oxford et de Cambridge ont envoyé leur vaisselle au roi. Cromwell essaye vainement d'empêcher la levée des milices, l'Écosse et l'Irlande forment pour le roi des corps d'armée. Si lord Kinbalton, lord Brook, sir John Merrick, Hampden ont des commandements sous le comte d'Essex, le comte de Newcastle, Hamilton et Morton balancent leur influence. Le parlement comprend en somme qu'il lui manque deux choses : le grand sceau et le roi ! Or le roi garde le grand sceau, et tel est encore le respect des chambres pour ce signe sacré du pouvoir, qu'elles n'ont pas osé en faire graver un autre. On veut enlever le roi ; on répète que, séparé de ses conseillers, il se montrerait favorable au vœu de la nation. Eh bien ! ces tentatives de pétition, d'enlèvement, prouvent une seule chose : on comprend que Londres ne saurait se passer de Charles, et il faut que Charles rentre à Londres.

— Il y rentrera ! dit lady Aubigny avec conviction.

— Demain ! demain même, » reprit Jessy.

Elle saisit sur la table une marguerite que lady Carlisle avait négligé de remettre dans la boîte, et l'attacha au corsage de sa robe.

« Oui, demain ! répéta-t-elle. L'Irlande a envoyé de l'argent et des hommes au roi qui l'a secourue jadis. Les catholiques des comtés de Strafford et de Shrop ont apporté leur or. Charles est fort des dons du Stathouder et des nôtres. Si Reading vient d'être pris par la force des hommes, Martyn l'avait livré volontairement à son maître. Il y a trop de temps déjà que Charles s'enferme à Oxford ; qu'il marche, tout sera prêt ce soir.

— Et la reine?

— Henriette viendra plus tard.

— Elle est accusée de haute trahison, ma noble amie !

— Hélas oui ! Parce que cette vaillante femme défend la couronne et la vie de son époux, on met sa tête à prix. Elle a un crucifix qui symbolise sa foi, un mari qui résume ses tendresses des enfants qui sont toute son espérance! Eh bien! ces trésors, on les laisserait infailliblement à une femme du peuple, à la plus malheureuse et la plus pauvre des femmes; mais à Henriette de France? fi donc! l'échafaud serait bien assez...

— Horreur! murmura lady Aubigny.

— Et quand je pense que l'homme assez lâche pour accuser cette reine-héroïne est Pym, le misérable Pym distingué, aimé par lady Carlisle...

— Oh! elle a rompu!

— Qu'en savez-vous? demanda brusquement Jessy.

— Ses discours...

— Une conversion trop prompte m'inspire de la défiance.

— Personne ne l'obligeait à me faire ces tristes aveux...

— La politique, peut-être.

— Je ne vois pas...

— Lady Aubigny, poursuivit Jessy, depuis que pour la première fois j'ai suivi à Londres le vieux Finn-Bar et approché de près les gens de cour, j'ai été témoin de choses qui m'ont soulevé le cœur de dégoût. Vous voyez peu lady Carlisle ?

— Fort rarement.

— Vous ne l'attendiez pas ?

— Loin de là... Je ne comptais que sur votre visite ce matin.

— Lady Carlisle aura vu que vous sembliez surprise de sa présence.

— Elle a pu s'en douter à la froideur de mon accueil.

— Un peu plus, et elle était congédiée... elle a senti cela... Les obligations de la situation vous prenaient... alors pour rester, comprenant à votre trouble, à la nature de vos occupations; à tout ce qui se trouvait assemblé dans cette salle, que vous travailliez, que vous souhaitiez être seule, elle a choisi un bon moyen pour rester, et a tenté de vous apitoyer... elle a joué la Madeleine, elle a feint les larmes, elle se sera mise à vos genoux... la rapidité de ses mouvements aura sans nul doute causé quelque désordre... Dieu veuille qu'elle n'ait enlevé aucun papier.

— Jessy! Jessy! s'écria lady Aubigny.

— Je suis Irlandaise, et j'ai, j'en conviens, la tête vive... Mais vérifiez, examinez...

— Les cartes sont là... dit lady Aubigny en

les soulevant ; voici dans ce coffret la proclamation du roi... là l'autorisation de recruter la milice et de lever des impôts, la liste des conjurés avec leurs signatures...

— Ainsi, vous avez tout ? bien tout.

— Je le crois... la seule chose qui puisse surprendre lady Carlisle est la réunion de ces marguerites que nos amis doivent porter.

— C'est peu de chose, dit Jessy.

— Ah ! j'oubliais ! fit lady Aubigny... la copie de la liste, cette copie écrite de ma main je ne la vois plus... »

En vain lady Aubigny bouleversa les parchemins, les papiers et les cartes, la copie, fut introuvable.

Lady Aubigny joignit les mains avec terreur.

« Vous aviez raison, dit-elle, Jessy, vous aviez raison... elle va tout confier à Pym.

— Heureusement que l'œuvre est presque achevée, » dit Jessy.

La portière fut soulevée par un valet qui annonça :

— Sir Edmond Waller, sir Tompkins, Wauber Chalonner.

Le poëte s'inclina devant lady Aubigny.

« *Le vaisseau est arrivé aux dunes*, » dit-il

La jeune femme sourit et lui tendit une marguerite, qu'il attacha à l'intérieur de son hahit.

Ses deux amis reçurent également ce signe distinctif.

Jessy O'Connor et lady Aubigny en placèrent au corsage de leurs robes.

«Tout sera prêt, madame, dit Edmond Waller, les royalistes sont armés.

— Demain, à la fin de l'office, les chefs des chambres seront jetés à la tour, ajouta Chalonner.

— Les portes, les magasins et la tour seront livrés aux partisans du roi.

— Bien, Messieurs, bien ! » dit lady Aubigny.

Jessy se pencha à l'oreille de son amie.

« Finn-Bar sera ici à deux heures, avec Sem, Ben, et Tob.

— Ah ! dit lady Aubigny, Ben ne pouvait laisser passer une occasion de revoir Georgina et de se dévouer comme elle.

— Ce sont deux nobles cœurs, dit Jessy O'Connor ; mais peut-être, comme tous, ces cœurs là ne recevront-ils leur récompense que bien haut et trop tard.

— Et toi, Jessy ?

— Moi, je leur ai donné ma part de bonheur ! »

Elle prononça ces mots sans orgueil, simplement.

Depuis qu'elle avait quitté l'Irlande pour se mêler au mouvement des affaires, Jessy ne se servait plus de ce langage brillant, imagé, qui tenait du chant et de l'improvisaiion lyrique. Elle ne jouait point l'héroïne ; la concentration de ses sentiments la grandissait encore. Le renoncement qu'elle faisait d'elle-même ajoutait au pouvoir de sa parole.

Lady Aubigny prit par poignées dans le coffret des marguerites blanches, qu'elle tendit aux jeunes gens.

« Distribuez-les, dit-elle ; ne les remettez qu'en mains sûres ; notre vie n'est point seulement en cause, mais celle de tous les royalistes qui nous appuient. »

Les jeunes gens promirent solennellement de se trouver prêts, eux et leurs amis, pour le lendemain. Ils prirent ensuite congé des deux jeunes femmes.

Jessy ne demeura pas longtemps après eux chez lady Aubigny.

Il lui tardait de rejoindre les siens.

Patrick et Jessy, ayant laissé la reine à York, avaient traversé Oxford afin de prendre les ordres de Charles Ier et de lui remettre les lettres de la reine. Ils avaient en même temps conféré avec lady Aubigny. Waller avait à plusieurs reprises été admis en présence du roi Charles.

Il se servait adroitement du prétexte de négociations à renouer entre le souverain et la ville de Londres. Patient et fin, parfois ingénieux et enthousiaste, Waller eût été capable d'accomplir de grandes choses, si la faveur l'eût poussé continuellement en avant. Mais à côté de qualités brillantes, il gardait un fond de faiblesse et d'ambition qui pouvait le rendre dangereux.

Dans les entretiens que Charles Ier eut avec lui, il vit seulement les côtés séduisants et brillants du caractère de ce jeune homme, et il crut devoir se l'attacher.

Waller sentit la poésie des malheurs de Charles, plus qu'il ne compatit réellement à son sort.

La bienveillance du roi le charma.

Lors d'un de ces voyages à Oxford, où le jeune poëte fut au nombre des commissaires envoyés par le parlement, comme Waller au moment de la présentation se tenait modestement en arrière, Charles, qui le reconnut, lui dit avec une grâce affable :

« Monsieur Waller, quoique le dernier, vous n'êtes ni le pire ni le moindre dans mon cœur. »

Edmond fut touché profondément.

De ce jour il appartint au parti du roi.

Ce fut grâce à lui que Hall consentit à habiter Beaconsfield, afin de transmettre les messages de Charles aux gens de Londres.

Depuis longtemps le plan était décidé, mûri, le jour fixé ; lord Falkland avait répondu à ceux qui lui fixaient la date du 31 mai :

« Qu'on se presse, car la guerre devient tous les jours plus difficile à arrêter...

Le mot de passe :

« *Le vaisseau est arrivé aux dunes,* » circulait dans les groupes de conjurés.

A un signal donné, et au cri : *Le roi et la reine Marie,* les royalistes devaient se lever et exécuter de point en point le programme dont lady Aubigny et Jessy avaient librement parlé.

Jessy O'Connor paraissait triste quand elle rejoignit Finn-Bar.

« J'ai de mauvais présages, dit-elle ; un sentiment indéfinissable m'oppresse... Cette fois encore le roi Charles ne sera pas sauvé... Ben, occupe-toi de notre sœur Georgy... avant la fin de la journée de demain je prévois de grands malheurs.

— Quoi ? quand il ne reste plus qu'à cueillir le fruit notre persévérance !

— Le temps nécessaire pour étendre la main peut manquer, » dit Jessy.

Alors elle raconta ce qui était arrivé chez lady Aubigny, la visite de l'infâme lady Carlisle et la disparition de la copie d'une liste des chefs de la conspiration.

— Ne perds pas courage, ma fille, dit Finn-Bar, rien n'est désespéré, loin de là... Nos amis sont prêts... Quand quelques-uns se trouveraient compromis, arrêtés même, tout ne serait pas perdu... S'il existe une femme capable de trahir la reine et Charles Stuart, pas un homme n'aura cette lâcheté... Nous saurons tous mourir, les lèvres fermées par le silence. Et puis, ma fille, que peut à une cause comme la nôtre la mort de quelques défenseurs ?... la royauté est le sang même des veines de l'Angleterre... la royauté renaîtra plus forte et plus glorieuse... Le nombre des soldats blessés ou tués importe peu quand le principe reste.

— Vous avez raison, mon père !

— Et d'ailleurs, Jessy, l'Angleterre doit être châtiée par la guerre civile, de la guerre qu'elle fait à Dieu.

— Verras-tu Georgy? demanda Ben.

— Oui, dit Jessy, nous irons à Sainte-Marguerite.

Je serai sur la route, » dit Ben.

Les Irlandais se séparèrent de bonne heure.

Personne ne dormit bien cette nuit-là.

Lady Carlisle envoya deux fois inutilement chez M. Pym ; il ne devait rentrer à Londres que le lendemain.

Elle se leva enfin cette journée du 31 mai, toute parfumée de fleurs, toute resplendissante de soleil, belle comme une fête, blanche comme une fiancée !

La ville était pleine de groupes animés.

On n'eût jamais pu croire combien de jolies filles s'appelaient Marguerite !

Certes le nom de Marguerite est doux, et la fleur qui le porte est simple et douce au regard. Mais la moitié des bourgeois, des apprentis, des fillettes, des armuriers, portaient un bouquet ou tout au moins une fleur au côté, à la boutonnière du pourpoint, au feutre.

Si on leur demandait pourquoi ce luxe de fleurs ils répondaient :

« C'est la Sainte-Marguerite ! »

Quelquefois la personne à qui s'adressait cette parole ajoutait:

« C'est déjà une bonne raison ; n'en savez vous point une seconde ?

— Et puis, « *le vaisseau est arrivé aux dunes !* »

Alors les mains se tendaient, se serraient, et on se quittait pour adresser les mêmes paroles à ceux et à celles qui se paraient du signe de ralliement.

Les cloches sonnaient, oh ! comme elles sonnaient gaiement les cloches de Westminster.

C'était jeûne, cependant ; jeûne mais fête aussi.

Les chambres devaient assister au sermon dans l'église de Sainte-Marguerite.

Le peuple, qui aimait à voir ses lords et à applaudir les membres de la chambre des communes qui lui étaient le plus sympathiques, formait la haie pour regarder passer le cortége.

Dans la foule se cachaient trois femmes enveloppées de mantes noires : lady Aubigny, Jessy O'Connor et Georgina.

Lord Egton était à l'église avec les presbytériens.

Patrick et Ben se tenaient à quelques pas des jeunes femmes.

Edmond Waller et ses deux amis adressèrent un salut à lady Aubigny, qui se contenta de toucher légèrement la marguerite attachée à sa mante.

Encore quelques heures, et tout serait fini.

La crainte, l'espoir, l'angoisse serraient toutes les poitrines.

Cette partie était la dernière qui présentait des chances heureuses.

Si elle échouait, la royauté semblait perdue.

Les batailles rangées ne présenteraient pas plus de chance de succès.

Il fallait vaincre cette fois, ou s'efforcer de mourir avec grâce comme le gladiateur qui a combattu vaillamment.

Les lords et les représentants de la chambre des communes, venaient de disparaître sous la voûte de l'église et se rendaient à leurs bancs, quand une femme tenta de se frayer un passage au milieu de la foule.

On ne pouvait voir son visage, mais ses habits étaient somptueux et sa démarche élégante.

Elle passa tout près de Patrick, qui se recula pour lui faire place.

Arrivée près de la porte du temple, elle chercha du regard un homme capable de transmettre un message. Le sacristain était là.

Elle lui remit une pièce d'or et un billet, sans rien dire.

L'homme lut la suscription entra dans l'église et glissa la lettre à M. Pym.

La femme avait déjà disparu.

M. Pym parcourut le billet d'un regard.

Il se leva, passa les quelques lignes qu'on lui avait remises à ses collègues, et bientôt une conversation animée s'engagea entre eux.

Une minute après, sans attendre la fin de l'office, les membres de la chambre quittaient leurs bancs, laissant l'assemblée et ceux de leurs collègues qui n'avaient pas eu connaissance du billet dans une anxiété égale à leur curiosité.

Immédiatement après le sermon, les chambres se réunirent.

La foule se trouvait dispersée.

Ou plutôt il y avait bien encore une grande foule autour de l'église, mais aucun des artisans, aucune des jeunes filles ne portait la marguerite de Charles Ier.

Le peuple qui envahit les salles de Westminster apprit alors l'existence d'un complot, son but, et le nom de ceux qui l'avaient ourdi.

Dans le même moment on arrêtait brusquement chez eux Edmond Waller, Tompkins son beau-frère, attaché naguère à la maison de la reine, et M. Chalonner.

Les autres complices n'avaient pas à Londres la notoriété de ceux-là.

Waller amené devant le parlement fut pris d'une terreur folle, lâche et basse.

Il avoua ce qu'il savait ; il dit cequ'il nesavait pas.

Il accusa les lords Portland, Coreway et de Northeimbend.

Il parut craindre de ne pas multiplier assez de délations et de bassesses pour acheter qu'on lui fît grâce de la vie.

Le procès des conspirateurs fut court.

Chalonner monta courageusement sur l'échafaud.

Tompkins ne témoigna aucune faiblesse.

Comme ils se rendaient au supplice, ils reconnurent dans la foule Jessy l'Irlandaise qui leur montrait le Ciel.

Au même moment Waller apprenait qu'il avait la vie sauve.

XVIII

DÉSASTRE.

Le conseil de guerre était réuni.

L'assemblée peu nombreuse semblait animée et irritée. Pendant le souper du roi Charles on avait appris l'arrivée des troupes parlementaires, dont les premiers escadrons inquiétaient l'arrière-garde de l'armée royaliste; mais ce qui causa non moins d'inquiétude que l'arrivée des troupes, ce fut d'apprendre que Cromwell lui-même prenait le commandement de ces soldats.

Il ne s'agissait plus d'avoir affaire à un chef souvent découragé comme Essex, mais bien de lutter contre la plus obstinée des têtes-rondes, de se mesurer avec un homme que les presbytériens regardaient comme un élu, et de combattre des soldats fanatisés pas son éloquence emportée, bizarre, sanguinaire, soldats à qui Cromwell promettait le ciel à défaut des biens de la terre.

Cependant si la partie devenait dangereuse, elle avait cet avantage de promettre une solution complète. Tant de semaines et de mois se succédaient depuis le commencement de la guerre, qu'une conclusion était souhaitée par tous et demandée à grands cris.

Les femmes de Londres s'étaient rendues par deux fois, au nombre de cinq mille, puis de huit mille, pour supplier les chambres de prendre des arrangements pacifiques.

Le parlement ordonna aux soldats de dissiper l'attroupement, et quelques pétitionnaires furent tuées.

Le peuple entier, fatigué de la lutte et comprenant bien qu'il en payait les frais, ne demandait plus aux représentants chargés de ses intérêts que le moyen de recouvrer la tranquillité perdue. On avait assez des batailles parlementaires, des ambassades, des propositions, des publications, des échanges de lettres. Une bonne fois la querelle devait être vidée par les armes.

Depuis l'avortement du complot de Sainte-Marguerite, dont la réussite aurait sans nul doute amené la conclusion de la paix, l'anarchie la plus violente n'avait cessé de bouleverser le royaume.

Non-seulement deux pouvoirs restaient en opposition, celui du parlement et celui du roi, mais encore deux parlements : — l'un résidant à Westminster et se regardant comme seul investi de la confiance du peuple et du droit de le représenter ; — l'autre à Oxford, tenant ses séances sous les yeux du roi et se composant des lords mécontents qui avaient fui Westminster pour se ranger de côté de Charles Stuart.

Ce n'est pas que la plus cordiale entente régnât toujours entre les amis du roi. Chacun prétendait l'aimer et le servir d'une façon plus efficace. Il en résultait des rivalités privées, des luttes d'amour-propre. Plus d'une fois des divisions particulières firent oublier aux royalistes que leurs propres idées devaient s'effacer devant la volonté royale.

Les villes semblaient suivre des chances variables comme celles des esprits. Il arrivait souvent que, prises par le roi ou par les montagnards, à la tête desquels était Montrose, elles retombaient ensuite au pouvoir d'Essex ou de Fairfax.

Les presbytériens avaient éprouvé de grandes pertes. Hampden, un des membres influents de la chambre des communes, ayant été blessé dans une rencontre qui eut lieu à Chargrave, succomba à la gravité et au nombre de ses blessures. Le roi, averti le jour même, envoya Gilles son médecin chez Hampden, mais le docteur n'arriva guère que pour voir expirer le farouche covenantaire.

Charles avait eu des phases brillantes de succès.

Pendant quelques mois les villes parurent se rendre d'elles-mêmes, Fairfax dut céder à Athorton-Moor; la ville de Hull, qui jadis s'était montrée si arrogamment rebelle, faisait offrir par John Hottans ses clefs à la reine Henriette; deux batailles, perdues dans le Sud-Ouest par W. Waller, doublèrent la réputation de bonheur et d'habileté de Newcastle.

Les gentilshommes de Cornouailles, le marquis d'Aerford, sir Bevilde Greenville, sir Ralph Hopton, rivalisaient de patriotisme.

La ville de Dorchester ouvrait ses portes au roi.

Weymouth, Portland, Barustaple, Bediford suivirent cet exemple.

Peu avant Tarinton, Bridgewater et Bath avaient pris l'initiative de l'obéissance.

Pour doubler le courage des royalistes, les

deux cours, trouvant que désormais elles pouvaient agir de concert s'étaient réunies. La reine rentra à Oxford et y fut accueillie avec joie.

Du reste, elle arrivait suivie de trois mille hommes recrutés par elle, et munis d'armes et de munitions; son artillerie servit à doubler la confiance des soldats du roi Charles.

Les victoires sur les parlementaires entretiennent le courage et l'enthousiasme : Nilmot et Opten se signalent à Boundway Down.

Charles reprend sa couronne fleuron à fleuron. Irrité de la lutte sacrilége des parlements, il ne les supprime point par un décret, il fait plus, il nie leur existence. Peut-être allait-il trop loin. Sa légitime colère l'entraînait. Mais si la chambre des lords venait de se brouiller avec la chambre des communes, un danger pouvait les rapprocher. Charles s'en crut maître en voyant leur désunion.

Il se trompait. Libres de se réunir, elles se jalousaient; mises en cause commune de péril, elles confondirent leurs intérêts.

Charles recruta à Oxford les lords Lovelace, Couwez, Clare, Bedford, Holland; il avait remporté une victoire à Nowours; mais chaque bataille gagnée était suivie d'un revers. Il regarda comme le plus cruel de tous le départ de la reine.

Henriette-Marie, se voyant sur le point d'être assiégée dans Oxford, quitta cette ville dans un état de grossesse avancée. Hélas! Henriette-Marie pensait s'éloigner pour quelques mois au plus, elle ne devait jamais revoir Charles Ier. Leurs adieux, pleins de larmes et de déchirements, n'entraînèrent pas l'horrible divination de l'avenir; sans cela, la petite-fille d'Henri IV n'eût point abandonné le fils des Stuarts. Mais tant de fois elle était partie et tant de fois revenue, qu'elle crut rentrer non pas seulement dans Oxford, mais dans la ville de Londres.

Il semble que du moment où cette héroïque jeune femme, qui tenait dans ses petites mains le sceptre de l'Angleterre, se fut éloignée, les dernières chances de salut s'éteignirent pour le roi : Henriette avait été l'âme, la vie ardente et catholique de la révolution.

Elle avait soutenu l'Écosse, rallié l'Irlande, gardé le Stathouder et ménagé la France; mis sa grâce, sa vertu, sa force virile, sa beauté, son éloquence, sa foi, sa tendresse conjugale au service de la sainte cause.

Quand ce doux et tendre génie eut quitté

Charles Ier, le bonheur qui brillait encore par éclaircies disparut.

Comprenant peut-être que le meilleur élément allait désormais faire défaut à cette lutte, Henriette voulut revenir sur ses pas, mais on lui montra Londres d'une façon railleuse, Londres où Pym demandait sa tête ; et Henriette partit pour le continent. Elle partit sans emmener les deux seules femmes en qui elle eût une confiance absolue : lady Georgina et Jessy.

Elle les savait nécessaires à la sainte cause et n'osait en priver les catholiques et les royalistes.

Ce départ définitif ne fut pas le seul déchirement de cœur que subit le roi.

Afin de maintenir le courage de ses amis, abattus depuis le désastre de Athorton-Moor, Charles se décida à quitter le prince de Galles. Il avait encore l'âge d'un enfant, seize ans ! on le jeta hâtivement au milieu des périls, et ce fut d'une main tremblante qu'il dut plus tard poser sur sa tête le diadème tombé du front de son père.

Charles se trouva face à face avec une politique sanglante, inexorable, n'ayant plus de cœur de femme ni de voix d'enfant pour l'adoucir.

La dernière somme d'argent un peu importante qu'il reçut fut encore un don de Henriette-Marie.

La triste reine d'Angleterre manquait de tout au bord de la mer où elle s'était retirée pour donner le jour à celle qui devint Henriette de France, cette Madame immortalisée par les larmes de Bossuet !

La petite-fille de Henri IV écrivit à Anne d'Autriche ; la reine lui envoya par une femme dévouée, madame Péronne, du linge et 20,000 pistoles. Henriette-Marie garda madame Péronne pour la servir, mais elle fit passer l'argent au roi.

Tant de coups, d'épreuves de tout genre, brisaient le cœur de Charles Ier, une amère tristesse l'envahissait. L'espoir revenait par instants, comme un accès de fièvre. Les avantages remportés par l'ennemi prenaient des proportions menaçantes. Plusieurs fois déjà Charles avait quitté Oxford pour tenter une entreprise décisive, il y rentrait comme un lion dans sa tanière, froissé, navré, se demandant si une prompte mort, une mort de gentilhomme ne serait pas préférable à cette existence troublée de roi tour à tour servi et trahi, victorieux et vaincu.

Plus d'une fois lui-même l'avait dit à ses neveux, Rupert et Maurice.

« Si je faisais la guerre pour toute autre chose que pour la défense de ma religion, de ma couronne et de mes amis, il y a longtemps que j'aurais traité avec le parlement, comme vous me le conseillez; à parler comme homme d'État ou comme soldat, je conviens que ma ruine seule est probable; mais comme chrétien, je dois vous dire que Dieu ne souffrira pas que les rebelles prospèrent ni que sa cause périsse. Quel que soit donc le châtiment personnel qu'il lui plaise de m'infliger, rien ne fera que je me repente, encore moins que j'abandonne cette querelle. J'en préviens sans détour mes amis; quiconque restera maintenant avec moi doit s'attendre et se résoudre ou à mourir pour une bonne cause, ou, ce qui est pis, à mourir en la soutenant, aussi misérables que pourront les rendre d'insolents rebelles. Au nom de Dieu, ne nous flattons donc pas de vaines chimères! »

Le dernier avantage remporté par le roi avait été la prise de Leicester. Fairfax reçut ordre du parlement de quitter le siége d'Oxford, de chercher le roi et de le combattre à tout prix.

Il fallait non pas seulement une bataille

mais une sorte de duel qui tranchât la question politique, et perdît sans retour ou la cause du roi ou celle des révolutionnaires.

Dans la situation d'esprit où se trouvait Charles, il ne pouvait manquer d'accepter cette perspective avec joie.

Ses amis le poussaient tous vers ce but. Cette longue guerre, sans épuiser les courages, ruinait, épuisait le pays. Montrose, Hamilton, tous les brillants et valeureux cavaliers avaient parfois peine à maintenir les soldats dans les règles de la discipline. Les rencontres partielles qui se multipliaient diminuaient les armées sans donner une solution.

Le parlement éprouvait des défections nombreuses ; un peu plus, et il eût été obligé non pas de s'ajourner, mais de se supprimer. Cromwell, après avoir parlé et lutté à la tribune, voulait enfin tirer l'épée du fourreau et trancher le nœud politique ; Fairfax, regardant la tâche qu'on lui confiait comme impossible à remplir sans le retour de Cromwell, le pressait de venir le rejoindre. En même temps, tous les corps d'armée opérèrent un mouvement simultané qui les rapprocha de Northampton. Ils se trouvaient à si peu de distance des troupes de Charles, que quelques cavaliers envoyés en reconnaissance donnèrent brusquement sur un détachement de l'armée du roi.

Charles croyait encore l'ennemi devant Oxford.

Informé de l'arrivée des parlementaires, il ne s'émut point ; la nouvelle victoire de Montrose lui semblait un présage de succès pour la bataille prochaine, et dans le billet que le soir même il écrivait à la reine il s'étendait sur ces espérances. Cependant il dut se replier avec ses troupes du côté de Leicester, afin d'attendre les secours qui devaient lui arriver du pays de Galles et des comtés de l'Ouest.

Pendant la journée du lendemain, il garda la même sécurité.

On était à l'heure du souper, quand Patrick entra rapidement dans la salle, annonçant que Cromwell était à l'armée des parlementaires.

Ce nom produisit une commotion soudaine.

On avait tour à tour battu Essex et Fairfax, mais Cromwell jetait une sorte d'effroi dans les âmes.

On quitta la table immédiatement.

Il fallait songer à prendre d'énergiques mesures.

Charles réunit son conseil de guerre.

On vit alors groupés dans le sentiment d'un

même dévouement les lords d'Angleterre, d'Écosse et d'Irlande, les soldats et les conseillers, les évêques et les amis. Finn-Bar se trouvait près de lord Hamilton, et Patrick ne quittait pas lord Herford; le prince Rupert n'attendit pas que la discussion fût ouverte, son caractère entreprenant, presque téméraire, le portait toujours à l'action. Il regardait la patience comme une faiblesse, et s'indignait de tout ce qui lui semblait une entrave aux moyens extrêmes. Le prince Rupert et son frère Maurice avaient rendu de grands services au roi, mais souvent leur impétueuse ardeur les entraîna hors des bornes de la prudence. Ils avaient le bras vaillant; mais quand il s'agit du salut d'un empire, un sage conseil vaut mieux que de grands coups d'épée.

Rupert s'avança brusquement au milieu des groupes.

« Est-il besoin d'un comité en pareille occurrence? demanda-t-il, que faut-il? s'armer et courir sus à l'ennemi! Cromwell quitte la tribune de la chambre, tant mieux! Nous verrons s'il tient aussi bien une épée que le glaive de la parole; une bonne fois, voyons si ces têtes rondes ne peuvent être entamées, et purgeons l'Angleterre des presbytériens et des révolutionnaires. »

Charles jeta un regard autour de lui pour juger de l'effet produit par les paroles du prince.

La moitié de l'assemblée applaudit.

Lord Hamilton répondit vivement.

« Nous partageons tous l'impatience légitime dont le prince palatin est animé; seulement, nous le prions de considérer que les forces de Fairfax et de Cromwell sont bien supérieures aux nôtres...

— Depuis quand, demanda Rupert avec brusquerie, de semblables calculs sont-ils faits par des braves?

— Depuis que la mort de ces braves importe au salut d'un royaume, prince! répliqua le vieux Finn-Bar en s'avançant.

— Mon cousin, dit le roi, pesez bien la situation, et ne vous laissez pas entraîner par une bravoure dont nous avons eu mille preuves... Milord a raison, nos forces ne peuvent se comparer à celles dont Cromwell dispose, et Finn-Bar vous a dit une chose juste. Si vous vous aventurez dans une lutte dont l'issue est fatale, tout est perdu!

— Nous avons le droit, dit Rupert.

— Eux le fanatisme! ajouta Finn-Bar.

— Voulez-vous faire entendre que la foi nous manque? demanda Rupert.

— Je suis Irlandais, Monseigneur.

— Je me résume, dit le prince palatin : bataille.

— Bataille ! bataille ! répétèrent ses amis.

— Aussi bien, dit l'un d'eux, les vivres manquent, la paix devient un mythe pour le soldat, il a droit au butin.

— Je demande deux jours, dit Hamilton ; d'ici là Montrose peut nous rejoindre.

— Ou mon fils envoyer une aide, ajouta le roi.

— Cromwell dira que nous avons peur ! fit Rupert avec un geste farouche.

— La révolte se mettra dans le camp, dit un lord qui se faisait l'écho du prince palatin.

— Bataille ! bataille ! répétèrent plusieurs voix.

— Au jour du choc des épées, dit Finn-Bar, nous verrons bien de quel côté se trouve le vrai courage. Moi, Irlandais royaliste, parce que le roi Charles Ier a protégé le culte catholique, je jure de mourir avec mes douze fils pour la défense du souverain légitime, mais je ne puis rien de plus !

— C'est prédire une défaite ! s'écria Rupert.

— C'est redouter un revers, dit Patrick.

— Me croyez-vous donc, moi, cousin du roi, moins zélé que vous pour sa cause ?

— Peut-être songez-vous trop à votre gloire, prince.

— Attendons les renforts, reprit Hamilton.

—Un jour seulement, ajouta Herford.

— Pas une heure ! pas une minute ! fit Rupert ; ce glaive que je tire du fourreau n'y rentrera pas avant la victoire.

— Prince ! prince ! dit encore Finn-Bar.

— Vous avez la barbe blanche, fit Rupert, et vous êtes prudent.

—Par le Christ, reprit Finn-Bar, votre parole, Monseigneur, ressemble à une accusation de faiblesse.

—Non ! dit le roi qui s'avança entre le prince palatin et le vieil Irlandais... Vous êtes tous dévoués à ma cause ; vous m'aimez tous ! je le vois, je le sens ! Peut-être vaut-il mieux en finir ! ce n'est pas le roi Charles qui reculera en face du péril. En vous laissant discuter les chances de succès, ne semblé-je pas avoir peur? Cromwell est là ! Eh bien, que le prince légitime d'Angleterre se trouve face à face avec le fauteur de révolte, l'ennemi de la monarchie, l'apostat de la foi... Je suis seul, entouré de quelques amis et d'une troupe de cavaliers, la reine est loin.... le prince de Galles est en sûreté ! que Dieu prononce. Je me soumets à l'arrêt de sa providence, et je me repose avec confiance sur votre bravoure.

— Vive le roi ! » cria Rupert.

Finn-Bar s'approcha et baisa la main de Charles.

« Me permettez-vous de ne pas vous quitter, Sire ? demanda le vieillard.

— De grand cœur. »

Patrick s'avança à son tour.

« J'ai juré de mourir pour votre cause, Sire, me voilà prêt à tenir ma parole. »

Pendant que lord Hamilton et lord Herford s'entretenaient avec le roi, le prince Rupert, fier de l'avoir emporté dans cette discussion, donnait déjà ses ordres pour qu'on rebroussât chemin afin d'aller au devant de l'ennemi.

Charles Ier se trouvait à cette heure sous le coup d'une impression vive : une victoire lui gardait la couronne, une défaite entraînait sa perte. Il passa quelques instants dans une méditation profonde, religieuse. Son âme s'en remit à Dieu.

Et, chose étrange, tandis qu'il se disposait à gravir la colline qui dominait Northampton au nord-ouest, la paix suprême de la résignation entrait dans cette âme chrétienne.

Le trajet se fit pendant la nuit.

Quand l'aube se leva, l'armée se trouvait dans une position avantageuse, et bien rangée sur le plateau de Noseby.

Les fils de Finn-Bar entouraient Charles Ier.

On remarqua pour la première fois dans l'armée un groupe de femmes irlandaises, vêtues de la mante nationale. Elles se donnaient une terrible mission ce jour-là, celle de panser les blessés et d'ensevelir les morts. On assure que quelques-unes prirent les armes et combattirent en guerrières, mais celle que nous pouvons reconnaître, Jessy O'Connor, ne songeait qu'à étancher le sang au lieu de s'apprêter à le répandre.

Un grand calme régnait dans l'armée du roi rangée en bel ordre.

On attendait l'ennemi ; l'ennemi ne parut point.

Patrick fut désigné avec quelques hommes pour aller en éclaireur au devant des parlementaires.

Il revint au bout de deux heures, disant qu'on n'apercevait ni les soldats de Fairfax ni ceux de Cromwell.

Rupert s'emporta comme d'habitude.

Il se croyait toujours mal secondé, et accusait sans cesse les amis du roi de manquer d'initiative. N'écoutant donc que son instinct, il prit le commandement de quelques escadrons et décida qu'il irait à la découverte.

L'armée devait demeurer immobile jusqu'à son retour.

A peine avait-il fait une demi-lieue que l'avant-garde ennemie parut.

Elle opérait elle-même un mouvement vers les cavaliers.

Rupert, que son impatience et son emportement dominaient de façon à lui enlever la juste appréciation des événements, s'imagina que l'avant-garde reculait devant lui, et il continua d'avancer.

Cependant il dépêcha un courrier au roi pour le prier de venir le rejoindre.

Les royalistes précipitèrent leur marche, et il en résulta un peu de désordre.

A dix heures les troupes du roi et celle du prince palatin s'étaient rejointes.

Aussitôt Rupert s'élança à la tête de la cavalerie de l'aile droite, contre l'aile gauche des parlementaires, commandée par Ireton.

Au même moment, Cromwell attaquait l'aile

gauche du roi, formée par les cavaliers des comtés du Nord que commandait sir Marmaduke Langdall.

Simultanément les infanteries des deux armées en vinrent aux mains.

Celle des parlementaires se trouvait sous les ordres de Fairfax et de Skippan.

Celle des royalistes sous le commandement de Charles Ier. Jamais lutte ne fut si rapidement générale, si passionnément acharnée.

Les soldats du roi et l'armée du parlement, les Anglais et les presbytériens, mêlaient leurs cris de guerre.

Les premiers avaient pour devise la *Reine Marie !*

Les autres marchaient en chantant : *Dieu est avec nous.*

Le courage était égal des deux côtés. Covenantaires et royalistes savaient que cette fois il s'agissait d'en finir, chacun payait de sa personne. On se battait corps à corps, la lutte générale se changeait en duel. La furie de l'action première ne permit pas d'abord d'apprécier les résultats de la lutte. Le sang coulait à flots. Les pertes augmentaient chez les parlementaires et les soldats de Charles. Le roi se battait avec l'ardeur d'un héros ; devant lui, derrière lui, autour de lui, se tenaient les fils de l'Irlande.

L'élan de la cavalerie du prince Rupert fut comme toujours irrésistible.

L'aile gauche des parlementaires se rompit. Iretor, grièvement blessé à l'épaule d'un coup de mousquet, et la cuisse transpercée par une lance, tomba au milieu des cavaliers ; cette capture arracha un cri de triomphe aux soldats de Rupert. Mais le prince tomba dans la faute qu'on lui reprochait à chaque bataille. L'enivrement d'un premier succès lui faisait perdre la notion juste des choses. Il ne songeait qu'à poursuivre l'ennemi en fuite, il perdait du temps à achever inutilement une victoire.

Les soldats lancés sur la trace de l'ennemi s'attardaient dans des luttes particulières dont le butin était le prix. Rupert repoussa les soldats d'Ireton jusqu'aux abordsdu camp de Cromwell. Là le feu des artilleurs fit éprouver aux siens des pertes sensibles.

Pendant ce temps Cromwell agissait.

Il manquait d'initiative dans la guerre.

Toute son habileté consistait à profiter des fautes de l'ennemi.

Étant parvenu à rompre les lignes de Langdall, il chargea deux de ses officiers d'empêcher qu'elles se rejoignissent et revint du côté du champ de bataille où l'infanterie de Fairfax et Skippan et celle du roi se trouvaient aux prises.

Skippan se trouvait grièvement blessé.

Fairfax ne put l'obliger à se retirer.

Charles se battait comme un lion, et ses amis accomplissaient des prodiges de bravoure.

Un coup de sabre de Patrick abattit le casque de Fairfax.

Charles Doyley, colonel de ses gardes, lui offrit le sien. Fairfax refusa.

Jusqu'à ce moment l'avantage restait à l'armée de Charles. Deux fois Doyley chargea un des corps d'infanterie royale, et deux fois il se retira sans réussir à l'entamer.

Fairfax frémissait de rage.

Il fallut que ses soldats et ceux de Doyley prissent le régiment l'un en tête et l'autre en queue pour réussir à y faire une trouée.

La bataille devint alors homérique. Gibby Mac O'Rourke, chargé de l'étendard royal, se battait d'une main en défendant de l'autre son drapeau. Assailli par cinq covenantaires, blessé à la tête et au bras, il livra la hampe et s'entoura le corps des couleurs royales, comme d'une écharpe. Il lutta, lutta encore, et ce ne fut qu'atteint au cœur par un coup de pique qu'il tomba pour ne plus se relever.

Fairfax allait se baisser pour arracher l'étendard dont le brave enfant s'était fait un linceul, quand Patrick accourut au secours de son frère. Ce fut entre lui et le général covenantaire un duel terrible, effrayant. Les soldats de Fairfax tombèrent sur l'Irlandais ; mais au même moment une flamboyante épée tournoya dans l'air et s'abattit sur le groupe.

Finn-Bar venait au secours de son fils.

Charles crut s'apercevoir que les royalistes perdaient de leurs avantages.

Sa garde lui restait ; il se mit à la tête de sa garde, suprême et dernière ressource.

Mais au même moment, Cromwell ramenait ses escadrons victorieux.

La lutte n'existait plus qu'entre Charles et Cromwell.

Le roi s'élance avec une énergie désespérée.

Les Écossais et les Irlandais le secondent avec une égale valeur. Entre eux la seule rivalité qui existe est le désir de s'exposer davantage pour mieux protéger le roi.

Il faut que Charles meure ou triomphe.

Sa bravoure ne lui permet de voir aucun danger. L'œil en feu, le front brûlant, le sabre en main, il se jette dans la mêlée. En ce moment il est plus qu'un capitaine, un général, un souverain, il est un soldat. Plus aventureux que le plus hardi de ses cavaliers, il avance, il avance encore. On le suit dans le sillon brûlant qu'il trace dans l'armée presbytérienne. Patrick et cinq de ses frères sont à droite, trois restent à sa gauche ; Finn-Bar et Ben se tiennent en arrière.

Cette furie d'élan, ce mouvement généreux, cette sorte de folie de la bravoure vont emporter enfin le gain de cette journée terrible et décisive.

Cromwell le sent, s'irrite, harangue ses soldats ; les cris de guerre presbytériens retentissent.

Charles y répond par ce nom qui est une profession de foi : *La reine Marie* ; et la lutte, la soif du sang, l'orgueil, la haine des partis font de la dernière partie de cette bataille la plus tumultueuse et la plus terrible. Qu'importe à Charles de trouver une tombe au pied de la colonne de Noseby. Il prend si peu de soin de se défendre, il s'offre aux coups avec une insouciance si complète du danger, que ses amis doivent protéger sa vie. Mais la troupe d'Irlandais le couvre de ses épées sans tenter de l'arrêter dans sa marche, deux des fils de Finn-Bar, Alen et Natty, tombent blessés. Le vieillard lève vers le ciel un regard désolé, puis soudain son épée tourne plus rapide : un presbytérien qui menaçait le roi Charles a le bras coupé ; la tête d'un second est fendue, et ce n'est qu'en brisant le casque du troisième que Finn-Bar s'arrête. Son épée est rompue. Il se baisse à terre, relève le mousquet d'un soldat, s'en fait une massue et continue à parer les coups qui menacent le souverain. Une balle atteint Finn-Bar à l'épaule. Il saisit son arme de la main gauche et lutte encore. Le sang coule du front de Patrick. Waller est blessé. Qu'importe ! On dirait que l'enthousiasme de leur âme les empêche de sentir la douleur dans leur chair.

Mais tout à coup, dans la fougue de sa hardiesse, Charles se jette tête baissée au milieu d'un groupe de têtes rondes.

Vingt glaives étincellent.

Charles ne voit rien ! rien qu'un homme, Cromwell, avec qui il a hâte de se mesurer.

Le comte de Carneworth s'aperçoit du danger du roi.

Il comprend mal à cette heure comment il faut

aimer Charles Stuart et quelles preuves de dévouement sont les plus efficaces. Il sait que la mort le menace, qu'elle va le frapper. Tout autre sentiment disparaît, et saisissant avec brusquerie la bride du cheval de Charles, il s'écrie :

« Sire, vous voulez donc vous faire tuer !

— Qu'importe ! » répond Charles, et il veut forcer le comte de Carneworth à lâcher la bride du cheval, afin de s'élancer de nouveau du côté de Cromwell.

Les cavaliers n'ont distingué qu'une chose : le mouvement de recul imprimé au coursier de Charles Ier.

La situation était si difficile qu'on put croire que le roi voulait battre en retraite.

En un instant le désordre se met dans l'armée. On abandonne la lutte. Les combattants fuient à travers la plaine.

« Arrêtez ! arrêtez ! » crie le roi.

Mais on ne l'entend plus ; une panique générale s'est emparée des cavaliers.

Le roi appelle les siens, tente de les rallier.

Efforts inutiles.

Cependant un secours arrive, secours inespéré.

Le prince Rupert reparaît à la tête de ses escadrons victorieux.

Le courage se ravive. Charles se sentant appuyé force les cavaliers à revenir vers le champ de bataille.

« Messieurs ! s'écrie le roi en s'élançant le premier, encore une charge et nous gagnons la journée. »

Héroïque tentative, dernier effort de bravoure imité seulement par quelques-uns. Les troupes reprennent lentement place. Le courage, la confiance ont disparu. On peut se battre encore, on ne saurait plus vaincre.

Le regard de Charles s'empreint de désespoir, et se tournant vers les deux hommes qui seuls l'ont suivi jusqu'où il s'est avancé :

« Finn-Bar, dit-il, la bataille est perdue.

— Vive le roi ! répond Patrick, et vive l'Irlande ! Dieu peut encore les sauver tous deux. »

Charles les yeux ardents, son glaive inutile en main regarde désespérément son infanterie déformée, en pleine déroute ou déjà prisonnière.

Tout à coup à la vue de son camp, un souvenir surgit dans la pensée du roi.

« Ma cassette ! dit-il, ma cassette ! »

L'accent avec lequel il prononce ces mots

prouve quel prix il attache à ce que le coffret renferme.

Patrick s'élance à travers la plaine. Sans connaître le projet de son frère, Owen le suit au galop. Quand les deux braves jeunes gens arrivèrent, on pillait les munitions et les bagages du roi. Patrick et Owen se frayent un passage à coups de sabre. Les soldats avides de butin leur disputent le terrain avec acharnement. Patrick blessé, affaibli déjà par la perte de son sang, immole un soldat de Cromwell et pénètre dans la tente de Charles. Les nécessaires de voyage, les coffres étaient brisés. Une cassette légère et qui ne devait contenir que des papiers frappe les yeux de Patrick.

« Le roi ne redemanderait avec une telle insistance ni de l'or ni des diamants, » se dit l'Irlandais, et il saisit la cassette et va l'emporter, quand trois têtes rondes l'attaquent à la fois. Saignant, meurtri, percé de quatre blessures, Patrick se défend encore. Owen le couvre de sa poitrine et de son épée ; mais l'ennemi écrase les deux fils de Finn-Bar sous le nombre, la cassette est enlevée, et deux corps immobiles sont abandonnés dans la tente royale.

Charles cherche du regard les deux braves disparus.

Finn-Bar se signe deux fois et le roi n'ose adresser aucune consolation à ce vieillard dont la famille est si cruellement décimée pour sa cause.

Une heure après, Charles reprenait la route de Leicester.

XIX

LE CHAMP DE BATAILLE.

Le ciel était gris, bas; l'air lourd, presque irrespirable à cause du brouillard. La colline de Noseby cachait sous des nuages sombres son plateau rougi, et paraissait s'entourer de voiles de deuil. Le vent ployait les arbres et sifflait dans les branches avec un bruit aigu. Les oiseaux planaient au-dessus du sol, dessinant des ronds concentriques de plus en plus rapprochés. Des soulèvements de terre, des débris de chariots, des chevaux éventrés, des hommes couchés comme des sillons d'épis abattus par la grêle, des cavaliers tombés avec leur monture, des débris informes, sanglants, épouvantables, formaient de petites collines dans la plaine noire, comme les fosses en indiquent dans les cimetières. Les habits rouges étaient plaqués de taches brunes. Sur la terre on voyait des flaques coagulées, semblables à ces immondes créatures amassées sur les grèves, qui n'ont ni muscles ni chair, et dans lesquelles le pied s'enfonce en écrasant leurs masses molles et gélatineuses. Quelques-uns des hommes étendus roides dans la plaine paraissaient menacer encore. D'autres gardaient sur le front la sérénité que laisse l'accomplissement du devoir. La plupart tenaient encore une arme dans leurs mains crispées; quelques-uns l'ayant laissée échapper dans l'agonie pressaient un crucifix, un médaillon, une lettre... L'aspect de la colline et de la plaine de Noseby était horrible, indescriptible. On reculait d'effroi à la vue de ce chaos humain pétrifié par la mort. On maudissait les haines de partis, on appelait la paix de tous ses vœux en contemplant ce spectacle atroce; pour en soutenir la vue, il fallait avoir une âme féroce ou une âme d'ange.

De temps en temps on entendait sortir un gémissement d'un monceau de membres mêlés, broyés, épars. Ou bien un bras s'agitait faiblement, demandant un secours que sans doute nul ne viendrait offrir au malheureux blessé, enseveli sous des cadavres et manquant de force pour soulever ce fardeau.

Bientôt deux femmes descendirent la colline de Noseby. Elles étaient vêtues de noir. L'une portait un paquet assez lourd sur l'épaule, l'autre gardait au bras un panier dont le poids l'obligeait à plier une de ses hanches.

Elles marchaient lentement, questionnant l'espace de l'œil et de l'oreille, gardant le silence, sans doute afin de mieux entendre un faible appel, un soupir d'agonie.

Sitôt qu'un signe de vie se manifestait chez un soldat prêt à expirer faute de soins, étendu sous le froid et le brouillard dans la plaine sanglante, elles se dirigeaient vers lui, s'agenouillaient à terre, relevaient le front alourdi, par la main de la mort, visitaient les blessures, faisaient un pansement rapide, tendaient un cordial au malheureux et s'éloignaient pour continuer leur tâche généreuse. Seulement avant de quitter le blessé elles plantaient en terre près de lui un mousquet ou une épée, liaient autour une cravate d'officier flottant comme un drapeau de paix et promettaient de revenir.

L'une d'elles, à en juger par l'anxiété avec laquelle elle interrogeait le visage de chaque mort, de chaque blessé, devait avoir un intérêt plus vif encore que celui de l'humanité souffrante à soulager. Son cœur battait en considérant certains traits, en s'imaginant reconnaître une chevelure. Des larmes obscurcirent plus d'une fois ses yeux ; elle restait alors à genoux sur la terre détrempée, priant à voix basse pour ceux que le Seigneur venait de retirer à lui et pour ceux qui restaient à les pleurer.

Sa compagne agissait sans doute avec un but moins direct, ou du moins elle ne savait avoir personne à pleurer, car elle relevait le courage de son amie, sitôt qu'elle surprenait un signe d'attendrissement trop près de la faiblesse.

« Jessy, dit-elle enfin, Jessy O'Connor, je ne vous reconnais plus. Pendant l'action vous êtes demeurée à un poste périlleux ; sans trembler, sans pâlir, vous avez contemplé la bataille et entendu tonner l'artillerie ; et maintenant vous vous laissez envahir par la douleur.

— Je me résigne pourtant, Milady.

— Mais vous souffrez.

— Dieu ne le défend pas... J'ai moi-même préparé les écharpes de ces jeunes gens que j'aimais comme des frères ; j'ai même ceint celle de Patrick mon fiancé ; s'ils avaient dû choisir entre le trépas et la honte d'être infldèles au roi et à l'honneur, je n'eusse pas hésité; mais comment voulez-vous que je ne regrette pas les fils de Finn-Bar, et que je cesse de pleurer Patrick ?

— Patrick vit encore peut-être.

— Vous le savez, Madame, il accepta du roi une mission presque impossible à remplir. Il ne recula point, parce qu'un soldat irlandais ne connaît pas la peur, mais il devait périr en tentant d'accomplir un miracle, et il est mort... Finn-Bar ne se fait pas illusion, Gibby a été tué; Owen est tombé, tombé comme Walter; et Finn-Bar n'accuse pas le roi, et jure de mourir pour sa cause... Mais je veux les cadavres de mes frères, si je ne puis rien pour eux que creuser une fosse dans ce grand cimetière... »

Jessy s'interrompit.

Un faible soupir venait d'être poussé près d'elle.

Aidée par lady Aubigny, elle écarte deux soldats anglais, roidis par la mort, puis le cadavre d'un Écossais, et voit un malheureux atteint de deux balles dans l'épaule droite.

Jessy l'encourage, le réconforte; elle panse sa blessure. C'est un Irlandais, il connaissait les descendants de Mac O'Rourke. Jessy apprend que Gibby devait combattre non loin de là, quand elle a secouru le blessé, elle poursuit sa course douloureuse. Tout à coup elle se penche, les bras écartés d'horreur, les prunelles dilatées, les mains tremblantes.

« Gibby ! pauvre Gibby ! »

Hélas ! elle ne peut rien pour lui, ses yeux sont encore grands ouverts, sa bouche paraît exhaler un dernier cri de bravoure et d'enthousiasme. Il serre d'une façon désespérée le tronçon de son glaive ; on voit au nombre des têtes rondes massacrées autour de lui qu'il dut vendre chèrement sa vie.

Jessy O'Connor dressa en terre un mousquet, y fixa une épée avec un baudrier, de façon à former une croix, puis ayant récité une courte prière, elle reprit son funèbre office.

Un malheureux Anglais presbytérien suppliait qu'on l'achevât, tant ses souffrances étaient atroces. La soif, la fièvre causée par les blessures lui causaient des tortures intolérables. Jessy prit le casque d'un soldat, courut jusqu'aux rives d'un petit ruisseau, rapporta de l'eau fraîche et la tendit au malheureux.

Celui-ci la regarda avec une expression de reconnaissance profonde.

« Que le Seigneur vous préserve de compter ici beaucoup de morts ! » lui dit-il.

Jessy étouffa un sanglot.

« J'ignore, dit le presbytérien, si vous cherchez un ami dans la foule, un frère, un fiancé, mais je prie Dieu de vous épargner de trop dures épreuves. »

Le malheureux joignit les mains, souleva la tête et murmura :

« Ketly ! Tob !

— Votre cœur souhaite-t-il quelque chose encore ? demanda Jessy.

— J'ai une femme, un enfant...

— Dans quelle ville ?

— A Londres.

— Que voulez-vous qu'on leur dise ?

— Que mon dernier soupir est pour eux... que je les aime... qu'ils doivent demeurer fidèles à la bonne cause... »

Jessy fit un mouvement.

« Ah ! fit le blessé, vous êtes papiste ?

— Ne suis-je pas plutôt le Samaritain pansant le blessé quel qu'il soit... Avant de vous donner à boire, vous ai-je demandé si vous étiez pour le roi ou le parlement, l'Église catholique ou la réforme ? Comme j'ai su soulager votre corps, j'allégerai la douleur de votre âme, et je dirai à Ketly ce que vous me recommandez de lui dire...

— Oui, vous tiendrez parole... Vous êtes une sainte enfant... Ce papier, cette bague... vous les remettrez... Ah! les chères créatures! »

Le presbytérien ferma les yeux, les rouvrit un moment, puis pour la dernière fois sa tête tomba sur le sol.

Jessy mit la lettre et la bague dans sa poitrine.

Elle poursuivit sa route lentement, plus lentement...

Et une fois encore le cadavre d'un des fils de Finn-Bar frappa ses yeux épouvantés.

Pauvre Walter! si jeune! si beau! si doux! Son visage respirait un saint enthousiasme que la mort respectait : atteint à la tête d'un coup de hache, abattu comme un jeune chêne, il demeurait étendu, les bras collés le long du corps, la face tournée vers le ciel.

Jessy pensa quel chagrin éprouverait la pauvre Betsy, qui l'aimait, et récita deux prières, une pour le fiancé mort, l'autre pour la fiancée veuve.

La moitié du jour s'était écoulée; le soleil baissait.

Lady Aubigny et Jessy se trouvaient non loin

d'un ruisseau marquant pour ainsi dire la limite de la plaine; quelques saules tordus en dessinaient le cours. Non loin de cet endroit une lutte acharnée avait eu lieu, des piétinements plus marqués dans la terre humide, des piquets demeurés debout, des chevaux morts en plus grand nombre, et des restes de bagages indiquaient que la tente de Charles avait été dressée là. Les soldats presbytériens en pillant les bagages avaient mis le feu à quelques chariots, et un peu de fumée s'échappait encore du brasier.

Un cri de douleur appela Jessy près du feu expirant

Un charbon croulant du foyer venait d'atteindre les pieds d'un homme évanoui. La cuisante souffrance de la brûlure le rappelait au sentiment de l'existence.

Comme il savait que les presbytériens dépouillaient les cadavres, il crut d'abord, en voyant deux ombres errer sur le champ de bataille, que de nouveaux tourmenteurs s'avançaient vers lui; en reconnaissant des femmes, il espéra mieux, quoique le zèle des sectes réformées fût en quelque sorte plus brutal dans leur âme et d'une sauvagerie plus éloquente sur leurs lèvres. Il appela. Elles accoururent.

Sa voix avait remué le cœur de Jessy d'une façon étrange.

Elle tomba brusquement à genoux près du blessé, puis les mains jointes elle murmura :

« Patrick ! oh ! mon cher Patrick ! »

Alors les lèvres de Patrick s'entr'ouvrirent et il sourit.

Jessy était la lumière, la joie, le salut.

Il venait de revoir Jessy, il pouvait mourir.

Lady Aubigny et la jeune Irlandaise enlevèrent Patrick de l'endroit humide où il était tombé. On l'adossa contre un caisson brisé ; on lui prépara un lit avec des manteaux entassés non loin. On jeta dans le feu des débris de bois, de piquets, de caisses. On le réchauffa. Jessy puisa de l'eau, la fit chauffer dans un casque de fer et lava avec l'eau tiédie les blessures de Patrick. Elles étaient nombreuses, quelques-unes lui causaient de vives douleurs, mais aucune ne se trouvait mortelle. Tous trois passèrent la nuit dans cet endroit sinistre. Patrick avait sauvé des bagages de Charles Ier une petite cassette, et il était convaincu d'avoir rempli complétement, exactement la mission confiée par le roi. Hélas ! non ! la petite cassette de Patrick contenait seulement les lettres de la reine, et c'étaient celles de Charles Ier, en ce moment au pouvoir de Cromwell; qu'il eût fallu arracher des mains des presbytériens.

Le matin Jessy chercha si non loin de Noseby, elle ne trouverait pas un asile pour Patrick. Une pauvre vieille femme aveugle lui offrit sa maison, à elle et aux serviteurs du roi Charles; cette pauvre créature avait pour fils, un brave enfant, qui attela un maigre cheval à sa charrette et vint chercher Patrick pour le conduire chez sa mère. Quand le blessé fut installé dans un lit pauvre, mais garni de linge blanc, Jessy, le laissant à la garde de lady Aubigny, pria en pleurant le jeune homme de ne point abandonner sans sépulture les corps des deux fils de Finn-Bar. L'honnête garçon le promit. Jessy et lui se mirent en marche. L'Irlandaise se souvenait à peu près de l'endroit où elle les avait laissés; d'ailleurs, le mousquet et les épées en croix devaient lui indiquer la place précise. Tout en marchant, Jessy et John récitaient des prières. Le cadavre de Walter fut recueilli le premier; bientôt on coucha Owen auprès, et le char funèbre revint à la petite maison.

On plaça les deux morts dans la grange, et une chandelle de jonc fut allumée près de leur lit.

Pendant la soirée Jessy ourla deux grands suaires.

Patrick dormait doucement calmé par un breuvage composé par l'aveugle.

Pendant trois jours les deux femmes continuèrent à visiter la plaine de Noseby. Plusieurs blessés furent sauvés grâce à elles ; ce fut encore par leurs soins que les morts du parti de Charles Ier reçurent une sépulture de soldats et de chrétiens.

Patrick souffrait beaucoup de ses blessures, mais l'inquiétude qui lui poignait le cœur était mille fois plus douloureuse que ses plaies.

Des bruits contradictoires circulaient.

Les uns affirmaient que Montrose venait de rejoindre le roi Charles.

Les autres, que le monarque rassemblait son armée et comptait définitivement entrer à Londres.

On ne parlait nullement de paix ni de trêve, et Patrick songeant à l'angoisse de son père, aux dangers du roi,, maudissait son inaction et s'obstinait à vouloir quitter la cabane. Elle lui devenait doublement chère, pourtant. Au bas du petit pré de John une même tombe avait reçu les corps d'Owen et de Walter et une croix les couvrait de son ombre.

Le matin du quatrième jour Patrick voulut partir.

Il se leva faible encore, puis, rejoignant lady Aubigny et Jessy O'Connor :

« Je souhaite dire un dernier adieu à mes frères... ensuite j'irai vers le roi. »

Patrick ne demanda point à la jeune fille si elle avait pris soin des cadavres d'Owen et de Walter, son cœur le lui disait assez.

Jessy conduisit Patrick dans le petit clos ; longtemps le jeune homme resta agenouillé sur la terre, priant pour ceux qui n'étaient plus.

Quand il se releva une sérénité grave reposait sur son front.

« Et maintenant, dit-il, allons retrouver mon père. »

Lady Aubigny se sentait incapable de supporter la vie de fatigues, de luttes, de souffrance, à laquelle se vouait Jessy ; d'un autre côté, après l'affaire du complot de la Sainte-Marguerite, elle n'osait rentrer à Londres. Elle résolut de rester dans la cabane de Maud. De cette façon Jesssy pourrait communiquer avec elle, et peut-être lui serait-il encore possible de servir la cause du roi.

John attela le cheval à la charrette, afin de

conduire Jessy et Patrick à Leicester, où ils supposaient que se trouvait Charles.

Les hommes, les bagages et les munitions perdus à Noseby n'étaient point un malheur irréparable. On pouvait lever de nouvelles armées La Hollande enverrait au roi de l'or et des fusils; Henriette-Marie se tenait prête à combattre la volonté de Mazarin comme elle avait lutté contre le Stathouder et la reine de France. Ce qui compromit à jamais la situation des royalistes, ce fut le pillage des papiers au camp de Noseby.

Rien n'arrêta Cromwell et ses amis dans la lecture qu'ils leur donnèrent. Les lettres de Charles à Henriette furent lues, étudiées, commentées. On leur prêta, on leur trouva le sens le plus défavorable à la popularité du roi. On ne comprit pas ou on feignit de ne pas comprendre que la plupart de ces missives étaient les confidences d'un cœur à un autre cœur; on souilla cette correspondance de regards profanes et venimeux. On fit plus. Le peuple fut convoqué pour entendre la lecture de la correspondance que Patrick avait tenté de sauver au péril de sa vie.

Il est vrai que la plupart des papiers de la cassette établissaient postérieurement l'appui que Charles Ier donnait aux catholiques et le dévouement que lui portaient l'Irlande tout entière et la plupart des comtés de l'Écosse.

A haute voix, devant une foule hostile, fut violé le secret des plus intimes sentiments du roi. Les élans de son cœur, la sainte tendresse de la famille, les souvenirs du passé, les espérances de l'avenir, ce qu'il rêvait comme roi, ce qu'il ressentait comme époux et comme père, fut dévoilé, sans pudeur. On ne laissa pas un pli à cette âme tendre et délicate. On dénuda violemment ce cœur humain et doux. On montra l'homme et chacune de ses qualités lui fut imputée à crime. On en voulut à Charles de son amour pour une femme devenue héroïque dans le malheur. On se récria d'indignation en apprenant que le roi trouvait toute concession avec les rebelles indigne de sa dignité ; que s'il voulait la paix, il la souhaitait honorable. On feignit de ne point comprendre que Charles, poussé à bout par la rébellion des chambres et par les sectes religieuses, songeât à employer la force et à user des offres de l'Écosse et de l'Irlande. Quand on arriva aux lettres traitant les questions religieuses, et qu'il fut prouvé que Charles, autant par ses convictions que par égard pour la reine, protégeait hautement le catholicisme, ce fut un cri unanime de réprobation. La fureur du peuple égala celle du parlement. Pour augmenter encore le mécontentement populaire, et afin que tous les habitants de Londres et des comtés connussent les secrètes intentions du roi, on publia cette correspondance.

Les amis de Charles Ier s'élevèrent contre cette publication.

Ils accusèrent les chambres d'une violation de secret sans exemple. Ils nièrent l'authenticité d'une partie de ces lettres, et déclarèrent que tronquées, mutilées et commentées comme elles l'étaient, elles induisaient complétement le peuple en erreur.

Mais le coup était porté.

Le roi ne fut plus regardé que comme un fourbe.

La levée des troupes reprit avec une nouvelle vigueur.

Des défenseurs de Charles Ier, la plupart étaient morts. Ceux qui restaient ne possédaient plus le même prestige. Le prince de Galles tenta une médiation entre son père et les chambres.

Charles menait la vie d'un proscrit.

Depuis la funeste affaire de Noseby, il fuyait de ville en ville, hésitant, troublé, se demandant s'il rejoindrait Montrose et ses Écossais, ou Ganig et le prince de Galles. Ses projets avaient la mobilité du souffle populaire. La rafale le poussait.

Il ne comptait plus pour se sauver que sur le parti catholique, et il alla attendre le résultat de ses promesses chez le marquis de Worcester, qui lui était dévoué.

Celui-ci ne s'était pas contenté de prêter au roi une somme de 100,000 liv. ster., il avait levé à ses frais deux corps de troupe, à la tête desquels s'était mis son fils, lord Herbert, comte de Glamorgan. Worcester, oubliant son âge et ses infirmités, commandait la garnison de son château, et le tenait en bon état de défense.

Worcester reçut Charles en roi, convoqua la noblesse, donna des fêtes, rallia des partisans, réchauffa l'enthousiasme pour la cause du souverain, et environna Charles de cette chaude atmosphère de dévouement qui lui rendait si vite le courage et l'espérance.

Ce fut au manoir de Worcester que Patrick et Jessy rejoignirent Charles Ier.

L'Irlandaise n'y séjourna pas longtemps. Elle dut venir en France porter à Henriette-Marie de secrètes dépêches du monarque.

Patrick et Finn-Bar s'ensevelirent dans leur

douleur en attendant le moment de reprendre les armes.

Le vieillard ne croyait plus au triomphe de la cause royale. Il avait juré de lutter jusqu'à la fin, il se montrait fidèle à sa promesse, et donnait pour la tenir jusqu'au bout le plus pur de son sang. Owen, Walter et Gibby étaient tombés! Qui pouvait savoir combien de ses fils seraient encore les victimes de cette guerre acharnée, presque sans issue? Finn-Bar ne voyait que malheurs dans l'avenir. Les quinze jours de fête qui se succédèrent au château de Ragland augmentèrent encore sa tristesse navrante. Charles paraissait oublier ses angoisses, ses périls, le résultat prochain de la lutte et le dernier acte du drame effrayant dont il était le principal acteur. Il n'oubliait pas! Non! il ne parvenait jamais à bannir de sa pensée sa femme en exil, ses enfants dispersés, tant d'amis tombés autour de lui et pour lui, sur les champs de bataille. Il avait l'âme dévorée de troubles amers; il tentait seulement de relever le courage des siens par une apparente confiance. Le repos dont il goûtait les heures ne délassait ni son corps ni son âme. Il eût préféré la lutte n'importe où, à n'importe quel prix, pourvu qu'on le laissât se battre comme le dernier des soldats, et tomber pour mourir comme les meilleurs des siens.

Il cachait son découragement profond à lord Worcester.

Ne pouvant d'ailleurs dignement conclure la paix, il devait porter le poids de cette guerre de jour en jour plus limitée, plus circonscrite, et devenue semblable à une guerre de partisans, plutôt qu'à la revendication des droits d'une majesté offensée.

Que de fois Charles Stuart, s'entretenant avec les Finn-Bar des événements probables, leur assura qu'il se regardait comme une victime vouée à la rage populaire !

Aucun des vaillants Irlandais ne jetait dans son cœur de fausses espérances. Ils étaient de ceux qui regardent le martyre comme une faveur du Ciel et qui croient aux prédestinations douloureuses.

Le roi privé de ses enfants et le patriarche irlandais qui sacrifiait les siens pour son souverain légitime s'entendaient dans leurs longs entretiens sur la Providence et la marche mystérieuse qu'il lui plaît de faire suivre aux événements. Rien ne pouvait les surprendre et troubler la fermeté stoïquement chrétienne de leurs âmes. Ils mettaient plus haut que la terre le but de leur espoir. Finn-Bar que son âge rapprochait de la tombe, Charles que le bras sanglant du peuple y poussait, s'unissaient dans un même sentiment puissant et terrible. Quand le roi avait discuté en conseil les moyens de salut qui lui restaient, il s'enfermait avec Finn-Bar dans une sorte d'oratoire ou bien il errait avec lui dans les sombres allées du parc de Ragland.

Les nouvelles de France furent mauvaises.

Henriette-Marie n'obtenait que de fallacieuses promesses de Mazarin.

La reine manquait d'argent. La France souffrait elle-même des discordes civiles.

La Hollande épuisée promettait des secours, mais ne pouvait encore les envoyer.

Mais le vrai courage ne consiste pas à tenter de grandes choses avec la certitude de réussir ; le vrai, le grand courage, agit même avec la certitude de la défaite. Il s'affirme lui-même indépendamment du succès.

Les amis du roi en étaient venus à ce point de ne plus croire à son triomphe, mais aucun ne faiblit à un devoir sacré. Le résultat diffère de la cause. Les principes n'ont rien à démêler avec les succès. On les défend pour les défendre. La victoire viendra au temps marqué. On est d'ailleurs certain que pas une ligne écrite, pas une goutte de sang n'est inutile dès qu'il s'agit d'appuyer les idées fondamentales. Ce n'est même qu'à la condition de trouver des abnégations parfaites, des abandons absolus, des sacrifices journaliers, que les causes saintes remportent un triomphe complet. On ne trouvera jamais dans l'histoire des religions ou dans celle des peuples une idée que le sang n'ait vivifiée, un droit qu'il n'ait défendu. Chaque révolution, qui est une expiation, se paye au prix des angoisses et des souffrances. Le droit, le juste, le bien, le beau ne sont exaltés que dans le martyre.

Beaucoup succombent des soldats défenseurs du droit. La plupart demeurent ignorés ! Mais l'effet a été produit. Toute une génération profite des sacrifices, des vertus, des trépas de la génération précédente.

La révolution d'Angleterre devait être épouvantable, elle expiait le règne de Henri VIII.

Finn-Bar, Patrick et ses frères n'attendaient rien de la faveur du roi ; ils cessaient même de voir prochaine la rénovation de l'Irlande, mais ils suivaient leur route, léguant leur exemple à leurs neveux.

Charles apprit à Ragland que les Écossais ayant pris Carlisle, marchaient vers le midi, en méditant le siége de Herford. Immédiatement le roi quitta Ragland. Gornig demandait du secours, et le roi alla à sa rencontre jusqu'à Severn. On levait des troupes dans les comtés, mais leur équipement devenait insuffisant, la solde manquait aux soldats. Charles se demanda encore une fois quel parti il prendrait. Le plus sage n'était-il point d'attendre les événements? Il l'aurait fait s'il n'eût compris que sa présence devenait nécessaire pour relever le courage des troupes. Les Écossais demandaient à voir le roi. L'enthousiasme ne pouvait renaître que s'il prenait lui-même le commandement de son armée. Il se trouvait forcé d'agir contre ce qu'il croyait le parti le plus sage, afin d'éviter de mécontenter ses amis.

Les cavaliers l'appelaient, il quitta définitivement le comté de Galles, passa dans celui d'York, et convoqua ses amis à Doster.

Là eut lieu une de ces manifestations qui lui rendaient sa confiance première.

En présence des dévouements qui s'offraient à lui, Charles se reprenait à croire, en dépit de tout.

Le roi écrivit à Montrose.

Il attendait la réponse du vaillant jeune homme pour savoir s'il devait l'aller rejoindre en Écosse ou lui donner rendez-vous en Angleterre, quand il apprit brusquement que David Lesby, à la tête de la cavalerie écossaise, venait d'abandonner le siége de Herford pour se mettre à la recherche du roi.

Le désastre de Noseby était trop récent pour ne pas avoir alarmé les troupes.

L'armée ne se trouvait pas en nombre.

Les plus braves d'entre les cavaliers furent eux-mêmes d'avis qu'il fallait tout risquer pour rejoindre Montrose, mais qu'on ne devait rien tenter dans le moment présent. La sûreté personnelle du roi était la seule chose dont on dût s'occuper sans relâche.

Charles rentra dans Oxford.

Encore une fois le vent du succès souffla. Montrose accomplissait des prodiges; parmi les montagnards la cause du roi triomphait. Il venait de remporter sur Baillie et ses covenantaires la septième et la plus éclatante de ses victoires. Bathwete, Glascow, Edimbourg ouvraient leurs portes. Les prisons dans lesquelles les parlements retenaient les royalistes et les catholiques s'ouvraient. L'Angleterre se déclarait en danger et rappelait Lesby et sa cavalerie. Mais il était dit que chaque victoire serait suivie d'un revers; avant d'être écrasée, la cause royaliste remportait des succès semblables aux lueurs brillantes mais rapides du foyer qui va s'éteindre.

Fairfax assiégeait Bristol, défendu par le prince palatin. Le courage de Rupert était tellement connu, que Charles refusa de croire à la nouvelle qui lui fut apportée, que le prince avait rendu Bristol dès le premier assaut et sans même tenter de se défendre.

Il lui écrivit une lettre empreinte d'une douloureuse amertume. A partir de ce moment les sinistres de guerre devinrent de plus en plus nombreux. Charles pressé, refoulé, songeait à rejoindre Montrose, quand la route lui fut brusquement coupée. Il regarda autour de lui, ne sachant en qui mettre son espérance, cherchant à la fois des conseillers et des défenseurs. Il pensait à se retirer dans l'île d'Anglesey, facile à défendre, et voisine de cette Irlande qui restait sa dernière espérance; mais l'avis de ses amis fut contraire à cette pensée. Loin de chercher une issue à sa situation, ne sachant comment dénouer cette question terrible de la sécurité des siens, le roi, qui aurait pu se tenir à Worcester dont le prince Maurice était gouverneur, préféra s'enfermer à Newark, où il devait attendre le prince Robert, quoique la situation de Newark rendit ce rapprochement difficile. A Newark une sorte d'anarchie se mit dans une armée qui comptait en quelque sorte plus d'officiers que de soldats. Charles n'avait plus assez de se défendre contre le parlement et son armée, il ne parvenait plus à triompher des rivalités des cavaliers, des mesquines conditions d'étiquette. D'ailleurs les troupes de Poynty en se rapprochant empêchèrent toute réussite dans le séjour de Newark.

Une fois encore Charles rentra dans Oxford.

Les mois se passèrent ; aucun résultat ne vint apporter soit un aliment à ses espérances, soit une défection à sa cause.

Le commandement de Cromwell était sur le point d'expirer, et des rigueurs effrayantes en marquaient la fin.

On défendit de faire en Angleterre aucun quartier aux Irlandais pris les armes à la main. On les fusillait par centaines ; on les jetait à la mer liés dos à dos. Charles, désespéré de ces massacres et voulant à quelque prix que ce fût racheter la vie de ses sujets, envoya des messages au parlement ; il offrit de se rendre à Westminster pour traiter en personne avec les chambres. On refusa tout, même un sauf-conduit pour ses négociateurs.

On fit au roi un crime énorme du traité conclu avec les catholiques d'Irlande, traité dont la copie fut trouvée dans la voiture de l'archevêque de Tuam tué dans une rencontre.

Toute la négociation de cette affaire était confiée à lord Glamorgan, fils du marquis de Worcester, jeune homme aventureux, brave, fervent, généreux et dévoué avec passion aux intérêts du roi et à ceux des catholiques. Depuis deux ans il allait et venait sans cesse d'Angleterre en Irlande, de Dublin à Kilkenny, se chargeant des démarches qu'Osmond ne voulait pas faire, et portant à Rinuccini, nonce du pape, les propositions de Charles Ier.

Glamorgan était chargé des pleins pouvoirs du roi pour traiter avec les Irlandais, et les séjours multipliés du roi à Ragland, au château de lord Worcester, étaient nécessités par le besoin de voir Glamorgan et de se retremper aux mystérieuses espérances qui souriaient parfois à Charles au milieu de ses revers.

Déjà les lettres de Charles à Henriette-Marie, ces lettres que Cromwell livra à la connaissance du peuple, avaient enlevé des partisans à sa cause; la connaissance du traité du roi avec l'Irlande acheva de ruiner son parti. Si les secours attendus d'Irlande fussent venus en ce moment, il eût peut-être été possible de batailler encore; mais pendant le temps que lord Asthley mit pour venir rejoindre le roi à Oxford, il rencontra sir William Berseton et le colonel Nurgan. La déroute fut complète; Asthley tomba au pouvoir de l'ennemi. Cette déroute ruina les dernières espérances de Charles. Il était las surtout de voir tant de sang couler pour une cause qu'il jugeait perdue.

Il offrit au parlement de licencier ses troupes, d'ouvrir les places qui lui restaient et de rentrer à Whitehall. Cette suprême tentative vers la pacification, cet abandon de soi accompli au profit des derniers défenseurs de la royauté ne fut pas même compris. On défendit de recevoir Charles Ier. On s'effraya de voir rentrer dans Whitehall ce monarque sans armée et sans ministres, sans finances et sans compagnons. On eut peur de ce proscrit dont la détresse parlait plus haut que sa lutte courageuse. L'héroïsme de son sacrifice épouvanta le parlement. Une cour martiale fut instituée, et la peine de mort décrétée contre toute personne qui, directement ou indirectement, entretiendrait une correspondance avec le roi.

La peur gagnait les chambres, une lâche peur dont Charles avait le droit d'être fier.

Repoussé par le parlement, menacé par les troupes de Fairfax, bloqué dans Oxford certain d'être fait prisonnier de guerre le jour où la place serait envahie, mis dans l'impossibilité de se jeter dans l'Irlande et de profiter du dévouement des catholiques, il ne resta d'autre appui moral à Charles Ier que la parole de M. de Montreuil, ministre de France, et celle d'Henriette, qui de France entretenait une active correspondance avec l'Écosse. M. de Montreuil et la reine conseillaient au roi de se fier aux Écossais et de chercher un asile dans leur camp.

Charles crut-il à cette dernière chance de salut ? Non sans doute. Ses meilleurs amis doutaient de la bonne foi des Écossais ; mais le temps manquait : Fairfax pouvait prendre Oxford à toute heure...

Dans son inquiétude, Charles appela Patrick.

« Allez chez le docteur Hudson, lui dit-il, et portez-lui cette lettre. »

Une heure après l'Irlandais revenait avec un message. Charles le lut, sourit, et dit au jeune homme :

« Dites à votre père et à vos frères de quitter Oxford en ayant soin de sortir par chacune des portes de la ville... j'aurai moi-même besoin de vous... »

Dans la soirée le docteur Hudson, suivi d'un homme qui portait une livrée, abandonnait la ville d'Oxford, tandis que Patrick et son père quittaient la cité et rejoignaient le docteur et Charles Stuart sur les hauteurs de Harrow.

XX

PRISONS.

C'en était fait de la liberté de Charles. L'armée écossaise qu'il avait rejointe négocia une trahison indigne. Ce roi, qui s'était longtemps et si vaillamment défendu, ne fut plus qu'un prisonnier dont ses ennemis audacieux se crurent le droit de disposer. Il allait passer d'une prison à une autre, perdant successivement les prérogatives de sa royauté, assistant à la ruine ou à la défection de ses amis, accusé, accablé, privé de moyens de défense, et n'ayant plus à opposer aux presbytériens et aux parlementaires que cette résignation admirable qui donna aux derniers mois de sa vie un cachet de magnifique et chrétienne grandeur.

Quelquefois, il est vrai, le peuple le vengeait des insultes reçues ; les respects d'une foule affectionnée le touchaient alors jusqu'aux larmes. Il trouvait souvent, en allant d'un château à un autre ou plutôt d'une prison à une autre prison, des malades et des infirmes qui le suppliaient de les guérir. On le traitait en roi à qui le Seigneur a dévolu toute puissance, même sur les maux du corps. Il recevait des placets, des offres de service ; les femmes lui envoyaient encore leurs bijoux, afin qu'il achetât des armes. On ne s'était point familiarisé avec l'idée de voir le roi Charles à la merci des représentants, et surtout de l'armée. Aussi lors de sa premiere captivité, sauf la faculté de quitter une enceinte prescrite et surveillée, le roi pouvait encore se croire souverain et gardait en apparence ses prérogatives. Sa maison restait sur un pied royal. Il recevait, et le cérémonial de la cour se trouvait exactement observé. Il pouvait se faire l'illusion qu'il traverserait cette dernière crise. Sans doute les conditions de la paix seraient dures ; mais de tous côtés on lui conseillait de plier, et sans doute, pour garder le reste de sa popularité, il l'eût fait dans un délai rapproché.

Ce n'était point ce que voulait Cromwell.

Cromwell ne rêvait pas seulement l'abaissement de la royauté, mais sa suppression.

Les songes de cet homme étaient pleins de sang, d'échafauds et de cadavres.

Il se faisait le bourreau du catholicisme et de la fidélité monarchique. Ce républicain si farouche en apparence, cet ennemi prétendu de la pompe et des vains titres, portait son ambition intime plus haut qu'il n'osa le prouver. Il prit la hache et n'osa toucher le sceptre. Mais ce sceptre il voulut l'avoir devant lui ; la couronne, il exigea qu'elle lui fût offerte ; il marcha sur le manteau royal avec un feint dédain; mais il fallut que les chambres et le peuple sussent bien que s'il l'avait voulu il eût été roi. Il ne se contenta point de s'appeler Cromwell, il devint milord protecteur. Il souhaita pour ses enfants de royales alliances. Lui qui avait abattu le trône, croyait au trône, et savait bien que Dieu le remettrait debout.

Étrange vie que celle de Cromwell !

A juger de l'homme par les portraits faits de son temps, et surtout par l'un d'eux, le meilleur, celui d'Hogarth, Cromwell était sanguin, colère à l'excès, et dominé par le premier mouvement. Eh bien ! tous les actes de sa vie sont lents, patients, réfléchis. Emporté, farouche, prêt à manier le glaive à tout propos, il repétrit si bien sa nature, et appelle à son aide une si grande puissance de vouloir, qu'il agira avec une hypocrisie de toute heure, étendue aux moindres détails. Il est né colère, il devient patient ; sensuel, il réfrène ses passions avec ténacité; la bonne chère, les vins exquis le tentent ; il boit de l'eau. La convoitise du pouvoir le dévore, il franchit un à un les degrés d'une puisssance qu'il peut saisir d'un geste dans le moment de sa plus haute fortune. Cet homme, dont la haine et la colère eussent voulu s'épancher en imprécations et en blasphèmes, récite gravement des psaumes ; ce misérable qui médite le meurtre du roi, trouve des larmes devant ses enfants; ce sanguin se fait bilieux ! Jamais peut-être la volonté ne changea si complétement la nature première d'un homme. Mais aussi qu'elle revanche elle prit !

Pendant les dernières années de sa vie, Cromwell ne dormait plus. Durant les nuits il marchait, parlait, gesticulait. L'exubérance de cette nature emportée reprenait le dessus. Les remords devaient rendre cette disposition première plus aiguë, plus sensible, plus épouvantable. Cromwell perdit le sommeil, cette bénédiction de Dieu, ce repos des fatigues du jour, ce rafraîchissement des lassitudes de l'âme. Le sang versé l'étouffait. Il le voyait à ses mains, il lui semblait qu'il l'avait bu comme l'eau de l'iniquité. Certes il souffrit plus que sa victime.

Charles endura quelques mois d'un rude martyre, mais il avait pour lui la paix de sa conscience, et Cromwell qui avait haï son roi ne pouvait en chasser le fantôme.

Avec quelle diabolique persévérance il le poussa jusque dans le château de Holmby, dont bientôt les murailles lui semblèrent trop vastes. Chaque ami enlevé à Charles, chaque diminution faite à sa grandeur, chaque chance de salut enlevée lui remplissait l'âme de l'unique joie qu'il fût capable de concevoir. Les succès remportés par lui à l'armée, la confiance que lui témoignaient les chambres, doublaient son audace. Quoi qu'il fît désormais, on pourrait le blâmer de sa promptitude, on ne le désavouerait pas. Le parlement, qui avait feint de croire que Charles Ier songeait à attenter à ses droits, obéissait en réalité au mouvement imprimé par Cromwell. D'ailleurs, il sonne des heures fatales et décisives pendant lesquelles les actes s'accomplissent terribles ou sublimes; Dieu châtie ou récompense, la postérité les juge.

Les propositions adressées au roi pendant son

séjour à Newcastle n'avaient rien amené de définitif.

Charles pouvait souffrir, mais il ne s'avilissait pas. Toutes les contraintes, toutes les humiliations pouvaient lui être infligées; mais à mesure qu'on paraîssait oublier davantage le respect dû à sa personne, il grandissait, lui, devant Dieu et devant l'histoire.

Charles passait une partie de la matinée dans son cabinet. Ses exercices religieux prenaient un temps qui chaque jour augmentait, cette âme éprouvée se rejetait en Dieu pour s'apaiser.

Pendant ses promenades il recherchait Finn Bar et Patrick.

Il se servait de ces amis dévoués pour entretenir des relations avec Glamorgan et les Irlandais.

« Finn-Bar Mac O'Rourke, disait-il quelquefois avec une grande tristesse, ni vous ni moi nous ne réaliserons cette grande œuvre de rendre à la terre de saint Patrick sa liberté religieuse. Je l'ai rêvé, je l'ai voulu... et vous savez que chacune de mes tentatives a tourné contre moi et même contre cette malheureuse Irlande.

« Elle me coûte une partie de ma popularité, elle vous coûte à vous trois de vos enfants !

Prenez garde ! Mac O'Rourke, le roi d'Angleterre à qui, croyait-on, le Seigneur faisait le don de guérir en les touchant les plaies des malades, tue aujourd'hui ceux qui l'approchent... Je ne me fais aucune illusion, aucune... Je me repose dans la Providence, et je réunis mes derniers efforts pour tenter des voies conciliatrices... Je n'y crois plus... Le parlement céderait : Cromwell ne pliera pas... Cromwell hait la royauté, et tant que je vivrai je serai roi ! L'avenir ne me cause point d'effroi, je me mets en paix avec Dieu... Que je puisse seulement écrire à ma femme, voir mes enfants, et les révolutionnaires feront de moi ce qu'ils voudront...

— Sire, dit Finn-Bar, quelles pensées sombres vous préoccupent aujourd'hui !...

— N'avez-vous point vu d'étranges visages à Holmby ? depuis deux jours j'en découvre de sinistres.

— En effet, sire, des soldats étrangers... mais nous sommes là, moi et mes fils.

— Ne tirez plus l'épée, Finn-Bar, que pour l'Irlande : vous vous perdriez sans me sauver. »

Charles avait raison.

Le château de Holmby était plein d'espions.

Cromwell en voulait plus savoir que les chambres.

Pendant que le roi jouait aux boules sur les grandes pelouses, il découvrait souvent des mines suspectes, des allures douteuses. Plus d'une fois il crut qu'on l'assassinerait brutalement, et que ce crime, commandé, payé, serait mis sur le compte d'une vengeance particulière ou de l'exaltation religieuse.

Charles n'en continua pas moins ses promenades. Un des traits particuliers de son caractère était un grand empire sur lui-même. Il dominait ses impressions les plus poignantes. Son âme restait impénétrable à ses ennemis. Ce calme souverain, cette possession de soi, cette tranquillité dont la vraie grandeur donne la mesure, ne quitta jamais Charles Ier. Aussi ceux qui prétendaient le pousser à bout par l'outrage perdirent-ils leurs efforts ; le roi ne parut ou ne daigna pas voir qu'on l'insultait.

Par une belle journée de juin, Charles jouait aux boules sur les gazons d'Althorpe, environ à deux milles du château d'Holmby.

Un groupe de ses meilleurs amis l'entourait.

Les commissaires du parlement qui habitaient Holmby et formaient au roi une sorte de cour ou de gardes conservaient au moins des égards pour Charles Ier. Les Irlandais et quelques lords d'Écosse faisaient la partie du roi.

Patrick cependant se détacha du groupe, et promenant un regard sur la foule qui assistait au jeu du monarque, il fut à la fois surpris et inquiet de distinguer dans la foule un soldat du régiment de Fairfax.

Patrick se dirigea lentement et sans affectation du côté du colonel Greaves.

« Colonel, demanda-t-il, avez-vous de nouveaux ordres du parlement relatifs à la garnison de Holmby ?

— Aucun, répondit Greaves.

— Vous êtes dévoué au roi Charles, je le sais; comme moi vous veillez sur mille détails qu'il oublie ou auxquels il dédaignerait de descendre... Que fait donc là ce soldat de Fairfax, qui, d'après mes souvenirs, était à l'affaire de Noseby ?

— Je vais m'informer, » répondit le colonel.

Greaves s'approcha du soldat.

Charles jouait tranquillement et ne s'aperçut point de la conversation de Patrick avec le colonel, pas plus que de la démarche de celui-ci.

« Qui êtes-vous ? demanda Greaves au soldat.

— Jem Pepper.

— D'où venez-vous ?

— De Londres.

— Que dit-on à l'armée ?

— Qu'il faut en finir avec la guerre ; elle a trop duré.

— Et par quels moyens en finir ?

— Le parlement et Cromwell le savent ! »

Greaves fit un mouvement.

Patrick, qui s'était éloigné, se rapprocha.

« Colonel, dit-il, je viens d'entendre un homme du peuple affirmer qu'un corps de cavalerie se dirigeait vers Holmby.

— Le savez-vous ? demanda le colonel à l'inconnu.

— J'ai fait mieux, je les ai vus hier.

— Près d'ici ?

— Tout près. »

Patrick échangea un regard rempli d'inquiétude avec Greaves.

« Prévenons le roi, dit l'Irlandais.

— Il faudra sans doute le défendre, Mac O'Rourke !

— Cromwell tient l'armée, et Dieu sait s'il ne veut pas tenter un coup de main même contre le parlement. »

La nouvelle de l'arrivée des soldats circula vite.

Charles ne parut point effrayé.

Il rentra avec ses amis à Holmby.

On tint conseil.

Le colonel Greaves rassembla la garnison et lui fit prêter serment de rester fidèle au parlement. Dans la situation actuelle, c'était rester fidèle au roi, puisque la garde de Charles avait été confiée par les chambres, au colonel et à ses soldats.

L'alarme était vive au château.

Finn-Bar et ses fils ne voulurent point se coucher.

Charles, soit qu'il ne crût pas à une attaque possible ou à la probabilité d'un enlèvement, ne changea rien à ses habitudes.

Vers minuit, on entendit le bruit d'une troupe de cavalerie accourant au galop.

Le colonel, les Irlandais, les lords amis se hâtèrent de se rendre dans la salle voisine de l'appartement de Charles Ier afin d'être prêts à le défendre.

La garnison pouvait résister à une attaque. Elle avait juré de combattre, elle avait juré de mourir.

La cavalerie se rangea en face de l'entrée

du château et somma le colonel de lui donner passage.

Les commissaires du parlement firent demander à cette troupe armée le nom de celui qui la commandait.

« Nous commandons tous ! » répondirent-ils.

Cependant le même soldat que le colonel avait interrogé sur la pelouse, s'avança au devant de ses camarades.

« Je me nomme Joyce, dit-il, cornette dans les gardes de Cromwell ; je veux parler au roi.

— De quelle part ? demanda Greaves.

— De la mienne ! » répondit insolemment le soldat.

Greaves et le major général Brown se mirent à rire de l'insolente audace du cornette.

« Ne riez pas ! s'écria Joyce. Je ne vous demande ni avis ni autorisation, je veux voir le roi, et je le verrai.

— Feu sur les rebelles ! » cria Greaves.

Mais, à la grande stupeur de Brown et du colonel, les Irlandais seuls épaulèrent leurs armes.

Les soldats étrangers avaient échangé quelques mots avec la garnison, qui trahissait le parlement et livrait le roi.

En un instant les armes tombèrent.

Finn-Bar, ses fils et ceux des amis du roi qui se trouvaient sur pied se précipitèrent pour empêcher qu'on ouvrît les portes, mais la cavalerie passa comme un ouragan. La bataille commença dans la cour, duel terrible, mortel, sans issue. Les prodiges de valeur ne pouvaient même pas sauver le roi. Ils retardaient la catastrophe. Ils lui permettaient de fuir par un autre côté, et la fuite était le salut peut-être.

« Mon père, dit Patrick, faites évader le roi ; pendant ce temps je donnerai de la besogne aux soldats de Cromwell. »

Mais Patrick et ses frères ne pouvaient, suivant l'espérance du jeune homme, que se faire tuer.

Joyce venait de sauter à bas de son cheval et demandait pour la seconde fois à parler au roi.

« Il existe un complot pour enlever Charles Stuart, dit-il, nous voulons le déjouer, mettre le roi en sûreté, empêcher une nouvelle guerre civile.

— Vous mentez ! fit Greaves, ce n'est point le salut du roi que vous voulez, mais sa mort.

— Colonel, dit Joyce insolemment, ce n'est

pas à vous, auteur de ce même complot, que je reconnais le droit de m'interdire de pourvoir, suivant le gré de l'armée, à la sûreté du roi Charles. »

Les commissaires du parlement se retirèrent pour délibérer.

Joyce rappela ses soldats. Toute chance même de lutte disparut. Patrick et ses frères qui gardaient l'escalier conduisant à l'appartement de Charles ne quittèrent pas leur poste. Pendant un moment ils pouvaient au moins disputer le passage.

Finn-Bar n'avait pas osé révéler au roi la vérité tout entière. Charles n'aurait pas cru à cette nouvelle audace de Cromwell, ni surtout à la trahison des soldats de Brown et de Greaves. Cependant Charles ne sortit pas du château pendant toute la journée. On délibéra. Les commissaires comprirent que, la garnison fraternisant avec les soldats de Joyce, tout espoir de vaincre était perdu.

Les commissaires employèrent tous les moyens de persuasion ou de terreur pour ramener la garnison à son devoir. Joyce et ses soldats l'effrayaient bien autrement que le major et le colonel.

Cependant, soit que Joyce craignît un mouvement du peuple pendant la nuit, soit qu'il eût balancé jusqu'à cette heure, ce ne fut que le soir qu'il réitéra sa demande de parler au roi.

Il trouva dans la salle les gentilshommes de Charles qui veillaient.

Tous étaient armés.

Joyce gardait un pistolet à la main.

« Menez-moi vers le roi ! dit-il à un des fils de Finn-Bar.

— Le roi est couché, répondit Ben.

— Eh ! Monsieur, vous l'éveillerez ! dit brusquement le cornette.

— Avant de franchir le seuil de la porte, vous m'aurez tué ! répliqua le jeune homme.

— J'ai un pistolet pour cela, dit Joyce.

— Mais, s'écria Finn-Bar, pour faire pareille démarche, avez-vous l'autorisation des commissaires ?

— A la porte de chaque commissaire se trouve un soldat qui le tuera au premier mot, au premier geste... Je suis fâché de déranger le sommeil du roi, mais j'entrerai.

— Vous n'entrerez pas, dit Patrick, non, vous n'entrerez pas armé dans la chambre du roi que vous voulez assassiner peut-être ! Vous n'aurez point raison de nous, comme vos soldats ont eu raison de la garnison. Nous sommes gentilshommes royalistes, et si vous gardez un pistolet, songez que nous conservons une épée.

— Ouvrez ! fit Joyce, ouvrez, ou je tue.

— Lâche ! » cria Patrick.

En ce moment un violent coup de sonnette retentit.

Charles venait de s'éveiller au bruit de la querelle.

« Finn-Bar, demanda-t-il, d'où vient ce tapage ?

—Sire, répondit l'Irlandais, Joyce, ce traître, cette créature de Cromwell, prétend pénétrer chez vous.

— Ce n'est guère l'heure des audiences, dit le roi avec un sourire ; cependant je le recevrai.

—Mais, Sire, il est armé...

— Qu'importe ? »

Finn-Bar tenta vainement d'empêcher le roi de parler au cornette.

« Il vaut mieux en finir et savoir ce qu'on me veut. Priez les commissaires du parlement de monter ; je recevrai Joyce en leur présence. »

Les commissaires arrivèrent. Leur contenance était respectueuse et triste. Ils rougissaient de la trahison des soldats de Holmby.

« Monsieur Greaves, dit le roi, je ne doute pas de vous. »

Joyce entra dans la chambre du roi le pistolet à la main.

Il parla avec hauteur et dédain, tout en promettant que ses hommes traiteraient le roi avec grand respect. Charles l'écouta paisiblement et se contenta de répondre :

« Je partirai demain avec vous, si vos soldats confirment ce que vous m'avez promis. »

Pendant le reste de la nuit Charles demeura entouré de ses conseillers et de ses amis. Ceux-ci se sentaient découragés par la résolution du roi, ils voulaient que Charles résistât ; tous offraient leur vie. Charles ne l'accepta pas.

Vers six heures du matin la troupe de Joyce se trouvait à cheval.

Charles était debout, prêt à partir.

Il descendit lentement l'escalier, adressant des encouragements à ses gentilshommes, et leur répétant de ne rien craindre, ajoutant du reste qu'il questionnerait encore le soldat de Cromwell.

Les commissaires se tenaient à côté de Charles.

Joyce s'avança jusqu'au bas du perron.

Le roi lui demanda d'une voix fort paisible :

« Monsieur Joyce, en vertu de quelle autorité prétendez-vous vous emparer de moi et m'emmener d'ici ?»

Joyce répondit rudement :

« Je suis envoyé par l'autorité de l'armée pour prévenir les desseins de ses ennemis qui veulent une seconde fois plonger le royaume dans le sang. »

En prononçant ces mots « ennemis » son regard chercha le colonel Greaves.

Greaves et Brown sourirent !

Patrick, moins maître de lui, gardait la main sur la poignée de son épée.

Charles répliqua doucement :

« L'autorité dont vous parlez n'est point une autorité légale ; je n'en connais point d'autre en Angleterre que la mienne, et après la mienne celle du parlement. Avez-vous une commission écrite de sir Thomas Fairfax ?

— J'ai les ordres de l'armée, et le général est compris dans l'armée.

— Ce n'est point une réponse, répliqua Charles;

le général est à la tête de l'armée. Avez-vous une commission écrite ?

— Je vous prie de ne plus me faire de questions, dit brusquement Joyce, j'ai assez répondu. »

Charles ne se départit nullement du calme qu'il gardait en face de ce brutal soldat.

« Monsieur Joyce, répéta-t-il, soyez franc avec moi, dites-moi quelle est votre commission. »

Le cornette étendit le bras.

« La voilà, Sire !

— Où !

— Là.

— Où donc ?

— Derrière moi ! » et Joyce montra ses soldats.

Un sourire effleura les lèvres du roi.

« Jamais, dit-il, je n'avais vu une telle commission ; elle est écrite, j'en conviens, en beaux caractères et fort lisibles ; ces messieurs sont tous équipés à merveille et de fort bonne mine, Mais sachez que pour m'emmener il faudra que vous employiez la violence, si vous ne me promettez que je serai traité avec respect et qu'on n'exigera de moi rien qui blesse ma conscience et mon honneur.

— Rien ! rien ! s'écrièrent les soldats avec acclamation.

— Je n'ai point pour maxime, dit Joyce, de contraindre la conscience de personne... »

Il ajouta avec un peu de raillerie :

« Encore moins celle de notre roi. »

Charles garda un moment le silence.

« Où me conduirez-vous ? demanda-t-il enfin.

— A Oxford, Sire, s'il vous plaît. »

Charles se souvint que dans cette ville il avait caressé ses plus grandes espérances de succès, mises à néant d'une façon si complète ; l'idée de rentrer dans cette place lui parut pénible. Il secoua la tête :

« L'air n'est pas bon à Oxford.

— Préférez-vous Cambridge ? demanda Joyce.

— Non, j'aime mieux Newmarket.

— Comme vous voudrez, Sire. »

Joyce s'inclina.

Cet enlèvement du roi était si bien un coup de main qu'aucune précaution n'avait été prise et que le lieu de détention du roi n'était pas fixé. Jusqu'alors, Cromwell préférait laisser à Charles Ier l'apparence d'un choix dont il ne jouirait pas longtemps. Trop d'odieux ne pouvait tout d'abord accompagner cette manifestation audacieuse. Cromwell savait toujours qu'il lui serait possible de se disculper devant le parlement, si les chambres l'accusaient d'avoir agi de son autorité privée et quasi dictatoriale. Il donnerait pour motif cette raison déjà soufflée à Joyce, son agent, que le colonel Greaves s'entendait avec Montrose et Glamorgan pour faire entrer Charles Ier à Londres et soulever le peuple en sa faveur.

Cependant les commissaires du parlement se trouvaient dans une situation fort complexe.

Ils cédaient à la force. Obligés par les chambres à garder le roi Charles à Holmby, ils ne se croyaient pas obligés de manquer aux respects qui lui étaient dus. La défection de la garnison devenait presque pour eux une offense personnelle.

Ils se crurent obligés de défendre Charles plus qu'il ne paraissait même prêt à se défendre lui-même.

S'il convenait à Cromwell d'avoir, comme il le disait à ses amis, « le roi sous la main et le parlement dans sa poche, » le parlement ne comptait pas, lui, s'absorber dans le pouvoir de ce maître plébéien qu'il préférait en ce moment au souverain légitime.

Les commissaires du parlement comprirent le but encore inavoué de Cromwell ; ils exigèrent donc plus que la parole de Joyce pour permettre à Charles, de satisfaire à une exigence que rien ne légitimait.

Les commissaires firent quelques pas du côté de la troupe, tandis que le roi au contraire se retirait vers ses amis les plus intimes.

« Messieurs, dit lord Montague, nous sommes ici en vertu de la confiance des chambres, et nous voulons savoir si vous approuvez ce qu'a dit M. Joyce.

— Nous l'approuvons ! s'écrièrent les soldats.

— Tous ?

— Tous. »

Lord Montague retourna vers Greaves et le major général et fit un geste désolé.

Brown ne renonçait pas encore à empêcher un départ qu'il savait devoir être fatal. Il espéra que les soldats pouvaient se diviser d'opinions, qu'un revirement dans leurs idées était possible. Sans doute on les avait forcés à cette démarche, on leur avait dicté les réponses à faire à des questions probables ; mais enfin leur conscience allait se réveiller. La vue de Charles Ier et des derniers amis qui lui restaient impressionnerait peut-être ces hommes rendus farouches par un presbytérianisme exalté. Brown se trompait. Cromwell, afin d'exalter la tête de ses soldats, leur montrait dans Charles Stuart, non pas l'ennemi des libertés politiques du peuple, mais l'antagoniste de ses idées religieuses. Il en faisait bien moins un homme voulant la ruine du trône que le maintien de la réforme.

La force de Cromwell pendant la révolution d'Angleterre fut le levier du fanatisme.

Aussi à la question du major général, à la suprême tentative qu'il faisait pour les rallier à l'autorité du roi, répondirent-ils :

« Personne! personne! »

Joyce regarda Greaves, lord Montague et Brown d'un air de triomphe.

L'impuissance des amis du roi était complète; le dernier espoir sombrait.

Charles ne paraissait déjà pas croire qu'un acte grave, décisif, dangereux, venait de se passer. Il ne voulait pas que ses ennemis pussent lire dans son âme, et comprendre ce qui s'y amassait d'angoisses et de troubles. Il comptait mourir comme il avait vécu, avec un calme empreint d'une sérénité dont le secret était dans sa conscience.

On attela le carrosse du roi.

Ceux de ses amis qui ne pouvaient le suivre vinrent lui adresser leurs derniers adieux.

Finn-Bar baisa la main de Charles.

« Je vous reverrai, dit le roi.

— Oui, Sire.

— Où ?

— Partout, répondit l'Irlandais, moi et mes fils nous ne manquerons point à notre parole, et au jour du danger vous pourrez dire avec confiance : *Erin go braegh !*

— Oui, dit le roi, oui, Finn-Barr... *remember?* »

Le roi monta dans la voiture avec trois des commissaires. Joyce suivit à cheval avec ses soldats, et un courrier partit ventre à terre ; il était chargé de remettre une lettre à Cromwell.

Cette lettre apprenait au presbytérien que le roi Charles n'était pas seulement un prisonnier, mais presque un accusé !

C'était un séjour triste que celui d'Hampton-Court. On changeait le roi Charles de résidence ou plutôt de prison, comme on ajoutait un coin nouveau pour aggraver les douleurs de la question. Progressivement on arrivait au cachot. Charles avait eu d'abord une partie de l'Angleterre pour refuge, ensuite l'Écosse pour asile ; une ville parut bientôt suffisante ; enfin de la ville on ne garda que le château. Le roi se devait d'affecter la confiance, même à l'égard de ceux en qui il ne croyait pas. Il lui suffisait de faire preuve d'énergie en refusant des concessions honteuses. Il préférait accepter une situation pénible que de s'exposer à se la voir imposer par la force brutale. Sa résignation se mêlait de dédain. Du jour où son pouvoir fut discuté et sa bonne foi mise en doute, sa révolte fut si grande qu'elle ferma ses lèvres à la réplique.

Chaque jour l'adieu d'un de ses serviteurs lui prouvait à quel point on tenait sa chaîne. Tour à tour Richemond reçut ordre de partir ; Southampton et Ormond eurent défense de résider à Hampton-Court ; on en vint enfin jusqu'à retirer au roi Berkley et Ashburnham.

A mesure qu'on chassait ses défenseurs et ses conseillers, on doublait le nombre des gardes.

Charles pendant ses promenades se voyait souvent interdire une portion de parc où il aimait à se promener. Tous les matins une exigence nouvelle le réveillait en sursaut.

Le parlement faisait le mort ; on affectait de ne point nommer Cromwell ; mais Cromwell, qui prépara l'enlèvement du roi par Joyce, agissait encore dans l'ombre.

Les avis vrais ou faux se multipliaient.

On inventait des complots, on rêvait des

moyens d'évasion, on échafaudait des conspirations. Ce roi isolé, triste, séparé de tout ce qu'il aimait, effrayait encore, et c'était au nom de l'armée qu'on s'épouvantait du dévouement de quelques amis placés dans l'impossibilité de servir le roi, et à qui on ne laissait plus que le droit de mourir pour sa cause. La vérité est que Cromwell espérait exaspérer par degrés l'opinion publique, au point que les événements les plus imprévus et les jugements les plus iniques fussent considérés comme de simples représailles, ou même des moyens de légitime défense.

Si d'un côté on répandait à Londres le bruit que l'armée protégeait et gardait le roi, d'un autre côté on ne cessait de dire avec une indiscrétion apparente que l'armée avait dessein de l'enlever; Charles écoutait presque sans entendre.

Ces mots, le peuple, l'armée, le parlement perdaient beaucoup de leur signification ordinaire. Quand on l'entretenait de ces conflits de vouloir, il les résumait dans un seul mot: « la Providence. »

Aussi, dans les lettres que Cromwell adressait au colonel Whalley, dans l'espérance que celui-ci les communiquerait au roi. Charles ne trouvait qu'une double hypocrisie. On pouvait encore surprendre sa bonne foi, sa confiance généreuse, tromper son enthousiasme et trahir son amitié ; mais on ne pouvait pas lui enlever le calme d'une part de son âme, cette part plus qu'humaine qui vient de Dieu et se fixe en lui.

Il y avait du vrai cependant dans toutes les mesures. Seulement elles ne venaient pas de divers côtés ; ayant une même source, elles menaient à un point unique. Les fils différents mis en jeu dans les petites intrigues, les basses trahisons, les outrages cruels, les tortures variées aboutissaient à la même main. Cromwell les faisait jouer tour à tour, essayant d'échapper à la haine des uns, au mépris des autres, et de s'effacer tantôt dans un angle de la chambre, tantôt derrière l'armée.

La solution approchait ; l'édifice de la royauté était trop sapé par la révolution pour ne point s'écrouler. Peut-être quelques fanatiques rêvèrent-ils la mort du roi, comme si le trépas de Charles Stuart inaugurait une ère nouvelle. Il est beaucoup plus probable que Cromwell sema à Hampton-Court des craintes successives, afin de réaliser mieux le coup hardi qu'il méditait. Les officiers chargés de la garde du roi le traitaient avec froideur mais avec respect.

Charles mettait en eux trop de confiance, et ne voyait dans leur flegme que la contrainte imposée. Il comptait sur eux au moment décisif, car, à travers l'obscurité de l'avenir, quelques rayons brillaient encore. L'homme s'accoutume mal à la désespérance, surtout celui que mille affections rattachent à la vie. Charles trouvait souvent, d'ailleurs, des lettres, des billets sans signature l'instruisant des bruits du dehors et le mettant au courant des nouvelles. L'écriture déguisée ne lui permettait point de reconnaître ses mystérieux correspondants ; mais il ne pouvait douter de leur dévouement ni de leur prudente patience.

Tantôt il trouvait une lettre cachée entre les feuillets de sa bible ; tantôt une feuille de papier tombait à ses pieds pendant sa promenade. Ces preuves chaque jour réitérées maintenaient son courage. En même temps pourtant, il acquérait la preuve que les piéges se multipliaient autour de lui. Il devait redouter jusqu'à l'assassinat.

On était alors en hiver, les nuits étaient longues et froides. Les veillées se traînaient lentes et monotomes.

Charles passait les matinées à la chasse et causait le soir, soit avec les officiers, soit avec les quelques amis qu'on lui laissait encore.

Ce jour-là, préoccupé, triste, souffrant, il se retira de bonne heure, et prit un livre de prière.

Une feuille de papier marquait un psaume qu'il avait coutume de lire.

— Encore ! murmura Charles.

Son mystérieux correspondant l'engageait à la fuite et lui apprenait que Landerdall se trouvait tout près de Hampton-Court avec cinquante chevaux.

— Où me mènerait Landerdall ? se demanda Charles. En Écosse ? Je ne puis plus compter sur les Écossais ! D'ailleurs réclamer l'appui de l'Écosse, c'était s'engager à subir le joug des presbytériens et accepter le covenant. Charles pouvait perdre le trône d'Angleterre et jusqu'à la vie, mais il devait garder son âme et il refusa les propositions de Landerdall.

C'était le lendemain qu'une lampe placée sur sa fenêtre devait donner le signal.

A l'heure où devait s'allumer ce phare, Charles éteignit toute lumière dans son appartement.

Deux jours se passèrent.

Charles chassait, quant au détour du bois un mendiant de fière allure se précipita au devant de son cheval.

Charles crut qu'il demandait l'aumône, et prenait déjà quelques pièces d'argent, quand l'homme leva vivement le chapeau masquant son visage.

— Vous ici! dit le roi.

— Nous ne nous éloignons guère, sire, et depuis un mois nous tentons vainement de vous décider à fuir.

— Ces avis répétés...

— Venaient tantôt de moi, tantôt de mes fils, car nous parcourons le pays comme des courriers.

— Où se trouve Patrick?

— Dans l'île de Wight, sire.

Le bruit d'une course rapide effraya le mendiant.

Il baisa la main du roi et disparut.

Charles ne put lire la lettre qu'on venait de laisser entre ses mains. Il était préoccupé. La présence de Finn-Bar indiquait des projets nouveaux.

Le nom de l'île de Wignt lui causait une commotion d'espérance.

Le gouverneur de cette île, le colonel Hammond, était le fils d'un des plus fidèles chapelains du roi.

Toute la population de l'île était royaliste.

Comment Charles n'avait-il pas encore songé à choisir pour asile ce coin de terre qui communiquait avec la côte, et semblait bien plus sûr que Jersey dont le seul avantage était de permettre une fuite facile sur le continent.

Pendant toute la nuit le roi caressa le projet de Finn-Bar, le retourna sous ses faces diverses, et finit par trouver qu'il méritait considération.

Il pria, il chercha ; l'inquiétude l'enveloppa de mille doutes : après avoir cru que la fuite dans l'île de Wight était le moyen de salut, il fut tenté de le repousser ! Son esprit se frappa. La réalité l'avait tant de fois trahi qu'il interrogea ceux dont l'unique métier est d'abuser de la crédulité. On citait alors à Londres le talent divinatoire de William Lilly, Charles pria mistriss Whorewood de le consulter en son nom.

La réponse de William fut que Charles devait fuir vers l'Est dans le comté d'Essex.

Charles attendit que ses amis eussent tout préparé pour sa fuite. Mais ceux-ci apprirent subitement que les agitateurs avaient résolu de se défaire du roi, et il devint urgent de hâter l'heure du départ. Cette promptitude pouvait devenir fatale. Hammond n'était pas prévenu : il était secrètement partisan du roi, mais son autorité lui venait du parlement. Se fier à lui était plus chevaleresque que sûr. Cependant Finn-Bar et ses fils, d'accord avec Ashburnham, ne virent pas d'autre moyen pour sauver la vie du roi.

Charles se résolut au départ.

Il soupa paisiblement comme à l'ordinaire, et causa avec les officiers. Vers huit heures il se retira chez lui.

De sa fenêtre il put voir un feu pareil à un feu de berger éclairant une petite colline.

Il s'assit et écrivit trois lettres.

Pendant ce temps, son valet de chambre William Legg s'assurait que la petite porte donnant du pont dans la forêt se trouvait libre.

Cette porte venait d'être forcée par deux hommes bien armés qui attendaient le roi.

A quelque distance deux autres cavaliers maintenaient des chevaux préparés pour le voyage.

William Legg échangea un mot de passe avec ces hommes et rentra dans l'appartement du roi.

Charles achevait de mettre son sceau sur les lettres.

— Tout est prêt, sire, dit Legg.

Charles jeta un manteau sur ses épaules, traversa un long couloir et gagna un escalier dérobé.

Les sentinelles se renvoyaient un cri monotone.

La nuit était noire, le brouillard épais.

Charles et son compagnon rasèrent les murailles du château jusqu'à ce qu'ils se trouvassent cachés par les massifs du jardin ; à quelques pas commençait le pont.

Le roi gardait le silence et marchait en avant.

Il aperçut la porte ouverte et de chaque côté deux hommes tête nue :

— *Eringo braegh !* murmura le roi.

Alors Ashburnham et Berkley s'avancèrent.

Charles monta à cheval ; Legg s'élança à son tour sur sa monture, et les six cavaliers s'enfoncèrent dans le bois.

Charles seul connaissait la forêt. Il allait le premier, guidant ses amis. Cependant la nuit était si profonde et le brouillard si intense que les cavaliers avançaient lentement. Deux fois ils s'égarèrent ; deux fois le roi retrouva la route perdue. Cependant, au matin seulement, la petite troupe arriva à Sulton.

Le propriétaire de l'auberge la plus achalandée gardait depuis huit jours des chevaux à la disposition de Ashburnham.

Mais s'il se montrait exact à servir les pratiques qui payaient généreusement, il avait grand'peur des parlementaires et jurait par le covenant autant et même plus qu'il ne fallait.

Il insista pour que les cavaliers entrassent dans la salle de son auberge, ajoutant avec un naïf orgueil qu'en ce moment il avait l'honneur de loger les membres d'un comité parlementaire qui s'occupait entièrement des affaires du comté.

Cette révélation n'était point de nature à donner confiance aux voyageurs; Ashburnham paya les chevaux, et les six cavaliers se dirigèrent sur Southampton, vers la côte située en face de l'île de Wight.

— Maintenant, sire, demanda Finn-Bar, quels sont les projets de votre Majesté?

— Mes projets, dit le roi, la vérité est que je n'en ai point encore... j'ai obéi en vous suivant au désir de garder une vie malheureuse il est vrai, mais chère à mes enfants, chère à la reine... Je respire amplement, largement; je me sens libre, je me sais en sûreté au milieu de vous... A cette heure il me semble que les moyens les plus irréalisables deviennent faciles... les gardes du parlement, les soldats de Joyce, les espions de Cromwell sont loin... Mettons pied à terre, Messieurs, il me semble qu'il y a si longtemps que j'ai posé un pied hardi sur un sol fidèle.

Charles se trouvait alors au sommet du coteau dominant la petite ville qu'il venait de quitter.

Un navire se balançait sur ses ancres.

— Ashburnham, dit le roi, que n'ai-je un bâtiment semblable!

— Celui-ci vous appartient, sire.

Charles eut un beau et confiant sourire.

— Que pensez-vous de l'idée d'Ashburnham? demanda le roi à Finn-Bar.

— Je crois, sire, qu'elle serait peut-être la dernière à suivre. La flotte parlementaire ne manquerait point de donner la chasse, et quel moyen de résister ?

— Et vous, Berkley, donnez votre avis.

— Je compte sur le dévouement des royalistes des comtés de l'Ouest, sire.

Finn-Bar et Patrick regardaient l'île de Wight comme beaucoup plus sûre que le navire d'Ashburnham et les amis des comtés de l'Ouest. Seulement, le vieillard regrettait que le temps eut manqué pour s'assurer à l'avance des dispositions de Hammond.

— Son père est le plus fidèle de mes serviteurs, dit Charles.

— Qu'importe ! murmura Finn-Bar, Hammond tient son grade du parlement.

— Avant que sa Majesté trouve asile dans l'île, nous aurons sondé les dispositions du colonel. dit Berkley.

— Le roi Charles pouvait se retirer au château de Tichfield, habité par lady Southampton, reprit Ashburnham. Si notre négociation échoue, si Hammond ne nous paraît pas offrir assez de confiance, il sera temps de chercher un meilleur moyen.

— A Southampton ! dit Charles.

La petite troupe ne tarda pas à arriver au manoir.

La mère de lord Southampton, prévenue que quelques cavaliers demandaient l'hospitalité, donna ordre de les recevoir avec courtoisie; mais quand, sur un mot de Berkley, elle apprit quel hôte lui demandait un asile, elle vint au-devant du roi fugitif, pour mettre non-seulement le château, mais les terres, les gens, et tout ce que possédait son fils à la disposition de Charles Ier. C'étaient ces élans de sa bonne et fidèle noblesse, ces générosités spontanées, ces mouvements héroïques qui ranimaient le courage de Charles quand il se trouvait las de ce combat sans issue. L'hospitalité de lady Southampton fut le dernier témoignage de cette chevaleresque ardeur, de ce culte à la royauté transmis comme un héritage dans les nobles familles.

Tandis que le roi attendait à Tichfield le résultat de la démarche tentée auprès de Hammond, Berkley et Ashburnham se dirigeaient vers l'île de Wight.

Ils passèrent le matin dans l'île, et se rendirent au château de Carisbrook, résidence du gouverneur.

Hammond se trouvait alors à Newport.

D'après ce que répondaient les serviteurs aux questions de Berkley, Hammond devait rentrer à Carisbrook le soir même.

Mais l'impatience des amis du roi ne leur permettait pas d'attendre, et ils prirent le chemin de Newport.

Selon leur prévision, ils rencontrèrent Hammond sur la route.

La situation était si grave et les instants si précieux, qu'après les premiers échanges de politesse et l'échange de leurs noms, Ashburnham dit au gouverneur :

— Colonel Hammond, nous vous avons jugé un homme d'honneur, et le roi vous tient pour le digne fils de votre père ; aujourd'hui même il vous donne une preuve éclatante de sa confiance, en venant vous demander l'hospitalité.

Hammond pâlit et lâcha les rênes de son cheval.

— A moi ! dit-il, un asile à moi dans l'île de Wight !

— Il attend votre réponse, ajouta Berkley.

— Messieurs ! Messieurs ! s'écria Hammond, vous m'avez perdu en amenant le roi dans cette île... S'il n'y est pas encore, je vous conjure de ne l'y point amener, que deviendrai-je entre mes devoirs, envers Sa Majesté après tant de confiance, et ce que je dois à l'armée de qui je tiens mes fonctions ?

— Je ne sais ce que penserait votre père de votre réponse, dit Ashburnham avec une sorte d'emportement. Ce que je vois, c'est Charles Ier votre souverain légitime, poursuivi, traqué, emprisonné et menacé à toute heure du fer ou du poison... Ce qui est vrai, c'est que l'île de Wight est un asile sûr pour cette heure, et que si le roi tombait entre les mains des parlementaires par suite de votre refus, ce ne serait ni l'armée ni Cromwell qui l'auraient vendu, et son sang retomberait sur vous.

— D'ailleurs, que craignez-vous tant! demanda Berkley d'une voix plus conciliante. L'armée vous ferait-elle un crime d'avoir ouvert au roi les portes d'un de ses châteaux?

— Nous représentons le roi à cette heure, Monsieur, reprit Ashburnham, et il serait indigne de prier un sujet loyal de faire ce qui est réellement son devoir... Sa Majesté ne contraint personne au dévouement et à la fidélité.

— Bien parlé, ajouta Berkley, il ne manque ni de navires en mer ni de manoirs en Écosse, et quand les rois sont proscrits, les pierres se lèvent pour les défendre.

Ashburnham et Berkley firent le geste de saluer Hammond et saisirent les rênes de leurs chevaux.

— Arrêtez! Messieurs, dit Hammond, je n'ai rien refusé.

— Vous deviez nous remercier au nom du roi de vous fournir une telle occasion de prouver votre zèle pour la plus sainte des causes.

— Qui vous dit que je l'aie moins à cœur que vous?

— Votre hésitation.

— Elle vient d'un regret... Sa Majesté a manqué de confiance en ne venant pas spontanément me demander l'hospitalité à Carisbrook.

— Notre démarche équivaut à cette demande, dit Berkley.

— Enfin que décidez-vous? demanda Ashburnham; il faut dans de tels moments une décision rapide, ce n'est pas la tête qui la fournit, mais le cœur qui l'inspire!

— Eh bien! fit Hammond, le roi n'aura pas à se plaindre de moi.

— Vous ouvrez les portes du château de Carisbrok?

— J'irai même au-devant de Sa Majesté pour l'assurer de mon respect et lui affirmer que son attente ne sera pas trompée.

— Nous n'avons pas mission de vous amener vers le roi Charles, dit Berkley, mais bien de demander si vous le recevrez.

— De la défiance? fit Hammond d'un air blessé.

— Eh, Monsieur! répliqua Berkley, on peut bien se poser une question quand il s'agit de tels intérêts.

Ashburnham se tourna vers Berkley.

— Cet homme ne saurait trahir le roi, dit-il.

— Il appartient à l'armée, répartit Berkley.

— Eh bien, Messieurs! demanda Hammond.

— Dieu garde le roi? s'écria Berkley en enfonçant l'éperon dans les flancs de son cheval.

Tous trois firent la route en silence.

Hammond paraissait vivement préoccupé; un regret mêlé d'inquiétude traversait la pensée de Berkley : Ashburnham conservait seul une confiance complète. S'il s'absorbait dans des réflexions profondes, c'est qu'il cherchait toutes les conséquences probables d'une résolution dont il attendait l'affranchissement de l'Angleterre, et le salut du roi.

La traversée se fit aisément.

Quand les envoyés du roi mirent pied à terre à Tichfield, ils aperçurent Finn-Bar debout sur la côte.

Le vieil Irlandais ne réprima pas un mouvement de surprise, presque de répulsion.

La vue de Hammond et de Basket, son capitaine, l'effraya comme une nouvelle menace de la destinée. Il comprit que Charles Ier allait souffrir de cette visite et gagna le château de lady Southampton avant le colonel Hammond.

Finn-Bar soulevait la portière du salon du roi comme Ashburnham se faisait introduire.

En peu de mots Ashburnham raconta ce qui s'était passé.

Charles ne put s'empêcher de frémir.

— Ah! John! John! dit-il, tu m'as perdu en amenant ici ce gouverneur...

Perdu, sire!

— Je me trouve à sa merci, je ne saurais bouger sans son vouloir, ajouta le roi.

— Ah! Sire! jugez mieux le colonel, s'écria Ashburnham, Hammond est tout dévoué à votre cause... Si, dans le premier moment, il n'a pas accueilli la nouvelle de votre arrivée avec joie, cette hésitation même répond de sa fidélité.

— Je suis perdu! perdu! répéta Charles.

Il marchait dans la chambre à grands pas. tantôt croisant les bras sur sa poitrine avec un geste plein de résolution, tantôt tendant ses mains vers le ciel avec une expression d'étrange angoisse.

Une idée terrible traversa la pensée d'Asburnham.

— Sire, dit-il, je réparerai le mal que j'ai fait.

— Comment?

— Je vais de ce pas m'assurer de la personne d'Hammond.

— Malheureux! s'écria le roi, voulez-vous qu'on dise que Charles a sacrifié un homme qui lui offrait un asile... Non! jamais, non! Il est trop tard pour prendre un parti... A la volonté de Dieu.

— Cependant, sire...! dit Ashburnham.

Trois petits coups furent en ce moment frappés à la porte.

Le roi fit ouvrir.

Berkley parut.

Il était soucieux.

— Sire...

Le brave homme n'osa poursuivre.

— Ils s'impatientent en bas! demanda Charles, ce sont de forts et loyaux sujets pressés d'offrir au roi leurs hommages.

L'ironie perçait dans l'accent de Charles; mais il ajouta avec sa dignité habituelle:

— Qu'ils montent!

Hammond et Basket entrèrent.

Le premier renouvela au roi les protestations de son dévouement. Il multiplia les phrases, de grandes phrases sonores et creuses qui ne concluaient rien, cet homme s'embarrassait dans une harangue. Il ne trouva sur ses lèvres ni un cri vrai, ni dans le cœur un de ces élans que les yeux traduisent.

XXI

LA TRAHISON.

Le roi l'écoutait patiemment, presque sans le regarder.

Il devinait le trouble, il avait peur de découvrir l'hypocrisie.

La conclusion du discours de Hammond, dont Basket répéta les derniers mots comme un écho, fut que le jour baissait et qu'il fallait se hâter de monter dans la barque.

Charles prit congé de lady Southampton avec tristesse.

Cependant l'impression de crainte ressentie par le roi s'affaiblit un peu quand la barque fut en vue de l'île.

Quelques mots de Basket, un ordre de Hammond avaient répandu dans l'île la nouvelle de l'arrivée du roi. La population illumina soudainement les maisons. Quand le roi aborda, les rues étaient pleines de gens empressés et joyeux.

Une jeune femme cueillit à un rosier la plus tardive de ses fleurs et la lui tendit.

On priait tout haut pour le salut et la délivrance du roi. Personne ne se souciait à cette heure du parlement, de l'armée, ni de Cromwell.

Le nom de Charles, d'Henriette et des princes se trouvait sur toutes les lèvres, dans tous les cœurs.

Ces démonstrations calmèrent les terreurs de Charles. Il eut des mots affectueux pour les braves gens de Newport, et il commença à croire qu'il s'était vainement effrayé. D'ailleurs, que pouvait-il redouter de la garnison du château de Carisbrook? Elle se composait de douze vieux soldats amis de l'ancien ordre de choses et prêts à donner leur vie pour un Stuart.

Si de mauvaises nouvelles venaient de Londres, il serait toujours facile au roi de s'évader. Le moindre pêcheur de l'île de Wight suffirait pour sauver Charles au moins du péril.

Le roi reposa paisiblement après cette dure journée.

Quand il s'éveilla, et qu'en se penchant à la fenêtre il aperçut l'immensité de la mer bleue et la campagne de l'île, quand il respira l'air salin vivifiant pour ses poumons, sain à son esprit comme l'air même de la liberté, il sentit un grand bien-être.

Hammond assista au lever du roi, prit ses ordres, mit des chevaux à sa disposition et parut uniquement occupé de distraire le souverain et de le rassurer.

Il y parvint.

Charles sentit ses préventions s'effacer ; à la fin de cette première journée, il disait même à Ashburnham :

« Après tout, ce gouverneur est un galant homme ; je suis à l'abri des agitateurs ; je n'aurai, je crois, qu'à m'applaudir de ma résolution. »

Pendant que Charles Ier se félicitait d'avoir échappé à sa prison d'Hampton-Court, les geôliers de ce château se trouvaient fort en peine d'apprendre aux chambres l'évasion du roi.

Les lettres que Charles avait écrites avant son départ ne fournissaient aucune indication sur ses projets et ne permettaient de suivre aucune trace.

Une de ces lettres adressée à la chambre des lords donnait les motifs de son départ ; les deux autres contenaient pour Montagne et Whalley des indications pour ce qu'ils devaient faire de ses chevaux, de ses tableaux, de ses chiens, de ses meubles de prix ; le roi remerciait en même temps Montague et Whalley des égards qu'ils avaient témoignés.

A Westminster on ne demeura pas longtemps dans le doute, Cromwell envoya un courrier, Hammond une dépêche.

L'attitude de l'armée à la réunion de Ware ne pouvait satisfaire les presbytériens ; Charles écrivit aux généraux pour les féliciter et chargea Berkley de sa lettre. Arrivé à Windsor, Berkley qui avait rencontré sur sa route le cornette Joyce éprouvait déjà moins de confiance ; mal accueilli au conseil des officiers, congédié brutalement après la remise de ses lettres, rappelé ensuite, et traité avec hauteur, il reçut pour toute réponse ces paroles audacieuses de Fairfax :

« Nous n'avons rien à répondre aux paroles de Sa Majesté ; c'est à lui seul d'en juger. »

Berkley se retira l'esprit rempli de pressentiments sinistres. Comme il traversait la cour, un homme lui glissa un billet dans la main. Berkley reconnut l'écriture du commandant Watson, officier avec qui ses relations étaient assez intimes. Watson lui disait de se trouver à minuit dans un enclos désert peu éloigné de l'auberge de la *Jarretière*.

Berkley fut exact.

« Mon ami, lui dit Watson, je risque ma vie pour avoir avec vous ces quelques minutes d'entretien... l'exaspération de l'armée est telle qu'il ne faut rien en attendre de bon pour le roi... ici vous n'êtes pas en sûreté... Ireton vient de faire deux propositions : l'une de vous envoyer prisonnier à Londres, l'autre de défendre sous peine de mort que personne communique avec le roi....

— Que faire? demanda Berkley.

— Si le roi tient à la vie, qu'il s'échappe de l'île de Wight, Hammond le livrerait plus par faiblesse que par cruauté, mais il appartient corps et âme au parlement.

— J'ai des lettres du roi pour Cromwell et Ireton.

— Remettez-les, répondit Watson, on ne vous croira pas prévenu. Et maintenant, Berkley, aidez à sauver le roi, je ne puis faire davantage. »

Berkley écrivit le lendemain à Charles Ier, l'engagea à la fuite, et lui montra le péril dans toute son imminence.

Cette fuite était possible, facile même.

La reine reçut de France des secours qui lui permirent d'envoyer un vaisseau croiser dans les parages de l'île. Tous les pêcheurs, royalistes dévoués, se seraient prêtés à l'évasion du roi. Charles pouvait passer en France. Cette décision lui parut lâche. Malgré l'attitude de Fairfax, d'Ireton, de Cromwell, il croyait encore au peuple, à l'Écosse, surtout à l'Irlande. Il reçut de ses amis, presque en même temps que la lettre de Berkley, l'avis que des négociations s'ourdissaient à l'île de Wight, et dans de bien meilleures conditions qu'à Hampton-Court.

Charles, prévenu de l'arrivée des lords Landersdall, Lowdon et Lanerk, refusa donc de partir. Patrick l'attendit vainement pendant cinq nuits pour le conduire au bâtiment d'Henriette-Marie. Les commissaires de Westminster arrivèrent, on écrivit, on signa des traités; on les enfouit dans le jardin en attendant qu'il devînt possible de les rendre publics, et une nouvelle levée de cavaliers fut ordonnée dans tout le royaume. Le fidèle Ormond prendrait le commandement des troupes irlandaises, et dès que le roi aurait repoussé les bills qui devaient lui être présentés, il s'évaderait de l'île de Wight et gagnerait l'Écosse.

Patrick fut prévenu de se tenir prêt à toute heure du jour et de la nuit, et le navire se rapprocha sensiblement de l'île.

Les commissaires présentèrent au roi les propositions, et Charles écrivit une réponse qu'il cacheta.

Les commissaires refusèrent de la remettre,

— Le parlement nous a chargés, dirent-ils, de lui rapporter non tout ce qu'il plairait à Votre Majesté de nous confier, mais l'adoption ou le rejet des quatre bills.

— S'il en est ainsi, dit le roi, je ne traiterai avec personne.

Les commissaires se retirèrent.

Charles manda immédiatement Berkley et Ashburnham.

— Ce soir je partirai, dit-il.

— Dieu veuille qu'il ne soit pas trop tard, Sire, les commissaires sont à cette heure en conférence avec Hammond.

— Et Finn-Bar?

— Finn-Bar n'a pas quitté les environs de Carisbrook, il attend vos ordres.

— Dites-lui d'avertir Patrick... Une lumière placée à cette fenêtre donnera le signal : de leur côté les bateliers élèveront un fanal; retirez-vous jusqu'à ce soir.

Charles demeura seul.

Après le souper Ashburnham et Berkley revinrent.

Le roi put voir dans l'éloignement tremblotter la lumière d'une lanterne accrochée à un mât.

Le navire se trouvait aussi près que possible.

— Allons, dit Charles, il est temps.

Comme il achevait cette parole, un bruit sourd ébranla le château de Carisbrook.

— Qu'est-ce cela ? demanda Charles.

— On ferme les portes, dit Ashburnham effrayé.

— Berkley, dit Charles, allez, informez-vous, et venez vite.

Berkley descendit et fut immédiatement arrêté.

On plaçait des sentinelles à toutes les portes, la garde était doublée.

Un instant après, Ashburnham fut saisi par les soldats pendant qu'il allait à la recherche de Berkley, et tous deux furent immédiatement conduits jusqu'à une barque qui les conduisit sur la rive opposée.

Charles, ne voyant revenir ni Ashburnham ni Berkley, manda Hammond.

Celui-ci se présenta, tremblant et pâle.

— Monsieur, dit Charles, vous ne me traitez ni en roi, ni en gentilhomme, ni en chrétien... On ferme les portes, on double la garde, mes amis descendent et ne reparaissent plus, qu'est-ce que cela signifie ?... avez-vous des ordres ? Qu'avez-vous fait de votre honneur et de la parole que vous m'avez donnée ?

— Sire, dit Hammond, la réponse que vous avez faite aux quatre bills.

— Ah ! fit Charles, je comprends... deux mots encore : me donnerez-vous un chapelain, un digne et saint homme comme votre père ?

— Non, Sire !

— Vous tenez pour la liberté de conscience ! et vous me la refusez à moi... puis-je sortir ?

— Non, Sire !

— En prison ! je suis en prison ! moi, le roi! s'écria Charles... Allons, ajouta-t-il, Judas n'est pas mort. Et se détournant avec dégoût, il laissa Hammond libre de sortir.

XXII

NÉGOCIATIONS.

A la nouvelle qu'on retenait le roi prisonnier, la plus vive indignation éclata dans l'île de Wight.

Finn-Bar et ses fils comprirent que le malheureux monarque n'aiderait plus à son salut et qu'il faudrait le servir malgré lui. Les mesures prises étaient déjà rigoureuses, on pouvait les rendre plus dures encore ; on pouvait surtout enlever le roi de Carisbrook, et qui sait où on oserait le conduire.

Le désespoir s'empara de Patrick et de ses frères ; ils versèrent des larmes de douleur et de rage. La bonne foi de Charles Ier poussée à l'excès allait devenir fatale à lui d'abord, puis elle ne manquerait pas d'entraîner la perte de l'Irlande. Ces deux causes se tenaient d'une façon indissoluble ; le roi vaincu, l'Irlande serait égorgée.

Le peuple de Newport s'assembla dans les rues, dans les tavernes. Les hommes s'indignaient contre le parlement, contre l'armée. Les cœurs s'échauffaient.

Un brave officier, le capitaine Berkley, ne craignait point de manifester sa colère et de faire appel aux hommes de cœur.

— Comment, s'écriait-il, une poignée de soldats commandés par un traître gardera le roi Charles comme un criminel ? S'il est ici des serviteurs des Stuarts, des amis des cavaliers, des Ecossais fidèles ou des Irlandais, qu'ils se lèvent. Berkley a fait la guerre, et commandera bien une poignée de braves.

Sept hommes s'avancèrent.

C'étaient Finn-Bar et ses fils.

Berkley sourit, il les reconnaissait pour les avoir vus rôder autour du château sous divers déguisements.

L'exemple des Irlandais fut immédiatement suivi. Des cris de : Vive le roi ! éclatèrent. Un homme prit un tambour et battit le rappel. Le petit groupe parcourut les rues en appelant tout le peuple aux armes. On décrocha des murailles les mousquets et les sabres ; en une heure toute la ville fut sur pied. Un souffle généreux courait dans l'air : cette bande de royalistes à peine armés se dirigea vers le château de Carisbrook, sommant le colonel Hammond de mettre le roi en liberté.

Une décharge d'artillerie fut la première réponse des soldats.

Les rangs des royalistes se serrèrent et l'attaque commença, mais les portes étaient solides ; les insurgés manquaient de leviers ou de canons; une volée de mitraille décima la troupe. Pour en finir, les soldats firent une sortie, prirent les royalistes dans un cercle infranchissable, et la lutte se changea en massacre. Les Irlandais se battaient comme des lions, courant et défendant Berkley, que les soldats voulaient prendre vivant d'après l'ordre de Hammond.

— Patrick, dit Berkley, je suis perdu, vivez pour la sainte cause !

Les Irlandais n'avaient en effet pas le droit de mourir.

Pressés,. groupés, liés comme un faisceau par leurs épées, ils trouèrent un groupe de soldats et prirent un élan si rapide que les Anglais ne pouvant disséminer leurs forces continuèrent à écraser ceux qu'ils nommaient les rebelles.

Patrick et Finn-Bir gagnèrent leur barque ; Edward était tombé pour ne plus se relever, Natty, Sam, Alen, Clem et Will se cachèrent dans les grottes de la côte ; la partie était perdue une fois encore. Si les soldats n'avaient pas été en si grand nombre, nul doute que l'on ne fût parvenu à arracher le roi à Carisbrook.

Berkley fut fait prisonnier.

Le roi ignorait encore ce qui venait de se passer quand, s'approchant de la fenêtre, il vit dresser une potence.

Hammond entrait.

— Que Votre Majesté se retire, dit le colonel, sinon...

— Eh bien ? demanda Charles.

—Sinon elle verra pendre le capitaine Berkley qui coupable de rébellion envers le roi et le parlement...

— Envers le roi...

— Berkley prétendait arracher Votre Majesté de Carisbrook.

Alors un cri retentit, un cri vibrant dans lequel on sentait une âme.

— Vive le roi !

Malgré lui Charles fit un pas en avant.

Il se recula effaré... Berkley pendait à la potence infâme.

Cependant cette tentative ne fut pas la seule. Du sein de sa prison Charles soulevait les masses. Son martyre lui suscitait des amis nouveaux. De tous côtés les cavaliers agissaient, levaient le front et demandaient tout haut justice pour Charles Stuart.

Autour de Londres, dans les comtés d'Essex, de Middlesex, de Surrey, de Kent, le royalisme fermentait comme un levain généreux.

Le jour de Noël, à Cantorbéry, le maire voulant faire supprimer la fête religieuse, un violent tumulte s'éleva aux cris de :

— Dieu ! le roi Charles et le pays de Kent !

On pilla l'arsenal, on enfonça les maisons des parlementaires, les paysans accoururent, et les soldats s'en mêlant, il y eut du sang versé.

A Londres la milice ayant voulu dissiper une troupe de jeunes gens qui jouaient aux boules, ceux-ci appelèrent à leur secours les mariniers de la Tamise.

Les rats d'eau se levèrent en masse, et attaquèrent les miliciens en répétant :

— Dieu et le roi Charles !

La maison du lord-maire fut attaquée, les

mariniers s'emparèrent d'une pièce de canon et prirent des armes dans des magasins d'armuriers.

Un conseil de guerre fut réuni, et siégea pendant toute la nuit.

Les deux régiments de Londres sabrèrent le peuple, et vers le matin on n'entendait plus dans les rues que le pas régulier des troupes.

Le peuple opprimé ne se regardait pas comme vaincu ; il applaudissait à leur passage les membres du parlement ou de la chambre des communes qu'il savait favorables au roi.

Dans le pays de Galles, dans le comté de Pembroke, les colonels Poyer et Powel, et le major général Longlow arborèrent l'étendard royal et se détachèrent de l'armée du parlement. Hamilton et les royalistes l'emportaient dans les élections en Écosse. Les cavaliers du nord de l'Angleterre n'attendaient qu'un signal; depuis plus d'un mois leurs principaux chefs Langdall, Glasham, Musgrave concertaient avec Hamilton leur plan de campagne.

L'Irlande soulevée se tenait prête à marcher sur un mot de lord Inchinquin.

Un homme nommé Everard révéla au conseil commun un complot dont les instigateurs s'étaient réunis à l'auberge de la Jarretière, complot formé par les Écossais pour s'emparer de la cité. La guerre éclatait sur tous les points à la fois. On redemandait le roi, on le voulait rétabli à Whitehall avec la splendeur de ses ancêtres; les pétitions pleuvaient de toutes parts.

Le royalisme gagnait la flotte stationnée dans les dunes. Les matelots se révoltèrent contre les officiers de Raimborough, vice-amiral, et ces braves gens, déposant à terre leurs officiers, prirent à leur bord l'un des fils du roi, le duc d'York, qui était parvenu à s'échapper de Saint-James.

On n'arrête guère un incendie allumé en plein air ; on ne pouvait davantage paralyser le mouvement qui se manifestait en faveur de Charles Ier.

Le parlement, l'armée, vivaient dans de continuelles alarmes.

Hammond écrivit le récit de la tentative de Berkley ; Cromwell reprit le commandement de l'armée. Une des villes de Charles Ier succomba après une indomptable et superbe résistance. Les indépendants sentirent se rallumer leur audace et leur haine à un point tel qu'ils ne craignaient point de dire :

— Quiconque tire l'épée contre le roi doit brûler le fourreau.

Cependant on convint d'entamer de nouvelles négociations avec le roi avant de prendre une décision extrême.

Charles restait pendant ce temps à l'île de Wight.

Quinze commissaires partaient pour le château de Carisbrook.

Charles était prévenu de leur arrivée.

Pour donner à ce qui allait se passer un caractère de liberté et de grandeur, il fut arrêté que le roi aurait pendant tout le temps fixé pour les négociations le train royal qu'on lui avait laissé jusqu'à Hampton-Court.

Ses pages, ses secrétaires, ses chambellans, ses chapelains, lui furent rendus.

Il régna dans la ville de Newport un tel encombrement qu'on ne trouvait ni une salle d'auberge ni un lit.

Charles recevait chaque matin les commissaires, causant avec eux, écoutant des avis qui tous tendaient à l'acceptation des propositions du parlement.

Charles croyait à la sincérité des envoyés.

Il était facile à tromper, ce pauvre roi confiant !

Esclave de sa parole, il s'appuyait sur celle des autres.

On avait exigé de lui le serment qu'il ne tenterait point de quitter l'île avant la fin des négociations, et il promit ce qu'on lui demanda.

De leur côté les commissaires s'engageaient à ne point l'obliger à changer de résidence et au besoin à le protéger.

Les conférences furent officiellement ouvertes le 17 septembre.

La salle présentait un aspect imposant, mais glacial, presque sinistre.

Le roi Charles se trouvait à une extrémité de cette salle, sous un dais ; il gardait l'apparence d'un monarque libre, honoré, servi ; derrière lui se groupaient ses conseillers, ses amis. Ceux-ci devaient jouer un rôle muet pendant les discussions. Dans le cabinet du souverain ils pouvaient émettre leur avis ; en face des commissaires que ne regardaient point directement les affaires de leur roi.

Charles devait donc seul lutter contre quinze

hommes armés d'arguties répugnant à sa loyauté et prêts à soulever à chaque parole une question religieuse insoluble pour la conscience.

Charles ne ressemblait plus au jeune monarque confiant et heureux, époux d'une fille de France, maître de trois royaumes, père de beaux enfants, souverain adoré de ses amis, de son peuple, en pleine possession de lui-même, du présent et de l'avenir, si l'avenir, appartient à un homme.

Son visage avait pâli, ses joues se creusaient. Une tristesse depuis longtemps habituelle adoucissait la fierté de ses regards. Ses longs cheveux blanchissaient, sa taille se courbait légèrement sous le fardeau de la vie.

Il semblait ainsi plus imposant et plus auguste.

Le cœur s'attendrissait et les yeux se mouillaient en face de ce roi à qui on ne permettait plus de gouverner, de cet époux qu'on privait de sa femme, de ce père à qui on retirait ses enfants.

Si cuirassés que fussent les commissaires ils reprenaient l'impassibilité de sujets contre les émotions, ils ne purent se défendre d'un sentiment de respect attendri. Charles paraissait vaincu, mais par les événements seuls, et son âme ne perdait rien de ce qui faisait sa force. Tout espoir pouvait l'abandonner, il resterait fidèle à ses convictions.

La discussion commença.

Charles Ier mit une bonne grâce constante dans les observations qu'il fit aux *bills* du parlement. Les propositions adressées à Newport restaient les mêmes que celles envoyées à Windsor et à Hampton-Court.

On espérait que la lassitude s'emparerait du roi et qu'il abandonnerait à la fois le commandement de l'armée au parlement, et les articles du covenant aux presbytériens.

Charles ne s'emportait jamais, discutait posément, avec une logique serrée, une grande intelligence des affaires, une merveilleuse fermeté d'esprit.

Ses ennemis, car les commissaires étaient réellement ses ennemis, et aucun, hors peut-être Vane et lord Say, n'était favorable à la paix, s'étonnèrent des qualités profondes, imprévues qui les frappaient dans l'esprit de Charles Ier.

L'un d'eux ne put même s'empêcher d'en faire la remarque.

— Le roi, dit un jour le comte de Salisbury à Philippe Warwick, a fait de merveilleux progrès.

— Non, milord, répondit Warwick, le roi a toujours été ce qu'il est, mais votre seigneurie s'en est aperçue trop tard.

Les choses n'avançaient point cependant.

On discutait sans rien arrêter.

Burkley, un des commissaires, voulait que le roi acceptât tout, assurant que tout marcherait à souhait plus tard.

Le roi lui répondit avec un demi-sourire :

— Monsieur, ce que vous me proposez est-il bien traité ? Rappelez-vous, je vous prie, cette querelle de comédie où l'un des deux champions dit en sortant : — « Il y a eu et il n'y a pas eu de combat, car il y a eu trois coups donnés et je les ai reçus tous trois. » — C'est précisément ce qui m'arrive, car j'admets la plupart de vos propositions ; je n'en écarte qu'un très-petit nombre, et vous, vous ne me faites aucune concession.

On ne trouva point suffisantes les concessions de Charles Ier.

Par trois fois on vota que ses offres ne satisfaisaient point le parlement. Des entêtements féroces, des préjugés étroits, des haines persistantes s'opposaient du côté des presbytériens à l'acceptation des conditions qu'ils faisaient offrir, sans un désir sincère de les voir agréer.

Le temps marchait ; la limite de jours fixée pour la discussion arriva ; on prorogea l'assemblée ; pour gagner quelques heures encore il fut décidé que les dimanches pendant lesquels on avait clos la réunion seraient remplacés ; puis on chercha d'autres raisons ; les prétextes vinrent ; un moment sonna où on ne trouva plus rien.

Les négociateurs demandaient du temps pour traiter, on ne leur accordait que cela.

Le roi s'était efforcé d'aller aussi loin que le lui permettait son honneur, il déclara ne pouvoir rien de plus.

— Je suis, disait-il, comme un capitaine qui ne recevant plus de secours de ses chefs eut la permission de rendre la place. « Ils ne peuvent me secourir quand je le demande, qu'ils me secourent donc quand ils pourront ; en attendant, je tiendrai dans la place jusqu'à ce qu'une de ses pierres serve à couvrir ma tombe. » — J'en ferai autant, ajoutait Charles, pour l'Église d'Angleterre.

Autour du château de Carisbrook qui ne laissait rien transpercer de ces mystères, s'agitaient mille séditions, les événements survenaient pendant l'apparente atonie du roi et de ses conseillers. Si la parole se montrait insuffisante, les faits parlaient hautement. Quand la plume s'arrêtait, l'épée flamboyait. Il est vrai que cette épée se tirait pour le roi, et qu'à l'heure où il tentait de satisfaire aux exigences du parlement, des hommes mouraient pour sa cause.

Sir Charles Lucas, sir George Lisle et sir Bernard Gascovig tombèrent fusillés en exécution de l'arrêt qui les condamna comme rebelles.

Pendant que ce noble sang coulait, Cromwell hâtait le dénouement tragique de la révolution. Il trouvait que la comédie parlementaire durait depuis assez longtemps, et après avoir battu Hamilton, fait son entrée à Edimbourg et parcouru le comté d'York, il fit annoncer son retour au quartier général en répandant la nouvelle que le colonel Hammond, gouverneur de l'île de Wight, suspect de fidélité au roi, allait être remplacé par Evers.

Cette nouvelle était vraie.

Elle épouvanta le royal prisonnier : quelque

mécontent qu'il fût de Hammond, il ne craignait pas, du moins, qu'il attentât à sa vie.

D'ailleurs tandis que cette mesure recevait son exécution, l'armée dont Cromwell était l'âme interdisait que l'on traitât Charles Stuart en roi.

On entendait dans les rangs citer cette parole des *Nombres* :

LE SANG SOUILLE LA TERRE, ET LA TERRE NE PEUT ÊTRE PURIFIÉE QUE PAR LE SANG DE CELUI QUI COMMENÇA A LE VERSER.

Et les fanatiques porteurs de mousquets ajoutaient :

— Dieu, en nous donnant la victoire, nous a imposé le droit de demander au roi un compte sévère du sang répandu dans la guerre civile. La colère divine ne peut être apaisée que par la mort de Charles Stuart !

Cromwell composait, dictait des pétitions demandant la mort du roi.

Il voulait l'assassiner, mais il prétendait garder le bénéfice d'une violence soufferte. Il affectait parfois de le défendre, feignant d'agir en sa faveur, lui faisant donner des conseils perfides, tentant de l'égarer, de le troubler de toutes les façons.

Charles n'ignorait pas ces menées, cette duplicité; mais il mettait cette fourberie lâche, ces tentatives honteuses, ces guerres d'escarmouche sur le compte de Cromwell seul, et refusait de croire à la désertion absolue de son armée.

Une poignée de cavaliers lui masquait un groupe de déserteurs.

Trois martyrs comme Georges Lisle, Charles Lucas et Bernard Gascovig l'empêchaient de compter des régiments de transfuges.

Les grandes âmes ont de ces illusions sublimes.

Fairfax différait de Cromwell en ce que lui ne voulait pas la mort du roi. Le courage lui manqua pour empêcher le crime; et il porte dans l'histoire la peine de sa faiblesse, car il lui eût suffit de rappeler ses troupes pour empêcher un régicide.

Charles résolut de clore les conférences de Newport.

Bien qu'il eut étendu ses concessions, il n'attendait de sa bonne volonté aucun résultat satisfaisant.

Les adieux qu'il adressa aux commissaires furent empreints de tristesse, nul n'entendit sans émotion ces nobles et simples paroles :

— Milords, dit le roi, vous venez prendre

congé de moi, et j'ai peine à croire que nous nous revoyions jamais... Mais que la volonté de Dieu soit faite ! Je lui rends grâces : j'ai fait ma paix avec lui ; je subirai sans peur tout ce qu'il lui plaira que les hommes fassent de moi... Milords, vous ne pouvez méconnaître, que dans ma ruine, vous voyez d'avance la vôtre, et déjà très-prochaine... Je prie Dieu qu'il vous envoie de meilleurs amis que je n'en ai trouvé. Je n'ignore rien du complot tramé contre moi et les miens ; et rien ne m'afflige autant que le spectacle des souffrance de mon peuple, et le pressentiment des maux que lui préparent les hommes qui, toujours parlant du bien public, ne s'inquiètent que d'assouvir leur triste ambition.

Quand les commissaires quittèrent le roi vivement impressionnés par ces paroles, quelques-uns pleuraient.

Charles Ier qui s'était justement plaint de la conduite de Hammond, l'estimait encore assez pour s'effrayer de le perdre.

L'un des deux officiers à qui fut confié le commandement de l'île de Wight, ou plutôt à qui fut commise la fonction de geôlier du roi d'Angleterre, avait été jadis jugé pour une tentative d'assassinat sur la personne de Charles Stuart.

On l'avait acquitté faute de preuves suffisantes, mais personne à la cour ne doutait de son crime.

La situation du roi redevint intolérable. On lui refusa la permission de sortir. Il ne resta plus seul. Des soldats gardaient sa porte, des soldats couchaient dans sa chambre, des soldats le suivaient dans son oratoire quand il priait... A peine les commissaires eurent-ils abandonné Newport que les amis, les conseillers du roi reçurent ordre de s'éloigner.

La terreur d'événements nouveaux était dans l'air. Les royalistes logés dans les hôtelleries se résignaient avec peine à quitter l'île. On regardait le nouveau gouverneur comme capable de tout. Cromwell ne s'arrêterait pas en chemin; Ireton se montrait aussi obstiné dans sa haine, et la faiblesse de Fairfax ne permettait point de s'appuyer sur lui. Les précautions des ennemis du roi étaient si bien prises, tout était si parfaitement combiné que le soir même de la clôture des conférences de Newport on voyait aborder dans l'île des soldats de Cromwell.

Ce fut un pauvre homme dont Patrick s'était fait un ami qui aperçut le premier les habits rouges.

Il courut frapper à la porte de l'Irlandais, et

lui raconta que non-seulement il avait assisté au débarquement, mais qu'il lui avait été possible d'entendre quelques mots, prouvant que le roi devait être enlevé de Carisbrook pendant la nuit.

Finn-Bar et Patrick se regardèrent avec une telle expression de douleur que le pêcheur ajouta :

— Vous savez, nous tenons pour le roi, et s'il faut s'armer, quand même l'affaire ne devrait pas être heureuse, nous sommes prêts.

— Il ne s'agit point de se battre, dit Finn-Bar, mais d'opposer la ruse à la ruse. On veut enlever le roi, que le roi s'évade !

Finn-Bar écrivit rapidement quelques mots et les remit à Patrick.

— Cours à la maison du roi, dit-il, cherche Herbert ; pendant ce temps moi et tes frères nous nous occuperons de trouver des chevaux ; le brave Ned que voici a un bateau, et le navire de la reine garde la croisière... La nuit est noire. Dieu merci !

— Mon père ! mon père ! dit Patrick, le roi a juré de ne point quitter l'île.

— N'a-t-on pas juré de respecter sa personne ? si ses ennemis faussent leur parole, le roi n'est-il pas dégagé de la sienne ?

— Il l'est, dit Patrick ; d'ailleurs, s'il reste, il jette sa vie à des misérables ! mais je crains, oh ! je crains...

Patrick sortit, Ned et Finn-Bar quittèrent leur petite maison.

Les chevaux ne manquaient pas à Newport, et Finn-Bar savait dans quelle hôtellerie logeaient les meilleurs royalistes : quelques amis du roi furent réveillés, en même temps on convint que la fuite du roi serait immédiatement préparée.

Une heure après, des chevaux attendaient à quelque distance de la maison de Charles Ier.

Tandis que son père et ses frères hâtaient les dispositions nécessaires, Patrick faisait remettre ce laconique billet à Herbert : « Des troupes viennent de débarquer dans l'île ; avertissez le roi qu'il sera enlevé cette nuit. »

Herbert courut immédiatement à l'appartement de Charles Ier.

Le roi lisait tranquillement.

Herbert s'approcha de la table sur laquelle s'appuyait le roi, mais il la heurta de telle sorte que les flambeaux tombèrent ; et il fut possible alors au fidèle serviteur de glisser le billet entre les feuillets de la Bible.

— Vous lisez, Sire ! dit-il tout bas en relevant les flambeaux.

Le roi comprit qu'une grave nouvelle était arrivée.

Il attendit que Herbert eut rangé la table et achevé son service habituel, puis plaçant le volume sur l'une de ses mains et l'élevant plus près de son visage, il lut le billet de Finn-Barr.

Herbert se tenait assez près pour accourir au premier appel du roi.

Charles demanda à voir immédiatement le duc de Richmond, le comte de Lindsey et le colonel Edouard Cook.

Qand ceux-ci eurent connaissance de la lettre de l'Irlandais, leur avis fut qu'on devait loyalement interroger le major Ralph.

Mais celui-ci demeura impénétrable. Il avait des ordres et connaissait l'arrivée des soldats ; ses réponses demeurèrent louches et ambiguës. Il se contenta d'assurer à Charles que, pour cette nuit, il pouvait dormir tranquille.

Quand Ralph fut sorti, l'indignation de Cook et de Lindsey éclata.

— Pour cette nuit ! répétait Cook avec une généreuse colère. Il met une limite à son apparente fidélité, il donne une trêve à la trahison. Il daigne laisser quelques heures de répit... et sur sa parole il faudrait attendre? Non! non! Sire, agissons et gagnons de vitesse les projets de ces misérables.

— Qui vous dit que Finn-Bar et Patrick ne s'exagèrent pas le danger?

—Ils ne le peuvent, Sire! quand tous les yeux resteraient fermés, ceux de vos Irlandais sont ouverts. Je crois à l'arrivée des troupes presbytériennes, cependant deux certitudes valent mieux qu'une... il est facile de tenter une reconnaissance et de pousser jusqu'à Carisbrook.

— Facile! s'écria le roi.

— Eh bien, sire, quand il existerait un danger, ne m'estimez-vous point assez pour me permettre de le braver à votre service?

— C'est la mort que vous risquez, Cook.

— Si je succombe, je retrouverai là-haut George Lisle, Lucas, Grescovig, tous les cavaliers qui vous ont aimé et qui sont morts à leur poste de dévouement ou sur l'échafaud des martyrs... Jamais peut-être vous n'avez couru un si grand péril; jamais la haine de Cromwell ne s'est manifestée avec tant d'audace. Votre salut et celui du royaume dépendent de ce qui se passera cette nuit... Milord, duc, comte, le roi ne doit-il pas me permettre de partir?

— C'est mon avis, répondit Richmond, et je vous envie l'honneur de votre mission.

— Laissez aller Cook, ajouta Lindsey, nous pouvons à son retour prendre d'énergiques mesures.

Charles se laissa vaincre.

Comme Edouard Cook se trouvait à une centaine de pas de la maison du roi, il entendit une voix connue murmurer :

— Dieu et le roi Charles!

— Est-ce vous, Patrick? demanda l'officier.

— Moi-même ; il me semble que nous ne serons pas trop de deux pour cette expédition.

— Marchons de compagnie dit Cook, et fouillons bien la route; quelque noire qu'elle soit il faut qu'elle nous livre ses secrets.

C'était en effet une nuit effroyable que celle-là.

La pluie tombait avec violence ; le vent était âpre et glacial.

Les cavaliers marchaient silencieusement, regardant, fouillant la campagne.

Quand ils arrivèrent à Carisbrook, la garnison leur parut groupée. Ils apprirent qu'on gardait à vue le capitaine Bowerman. Une grande agitation régnait au château; on sentait le mystère et la conspiration dans les moindres détails.

Les sentinelles se promenaient à quelques pas de distance, s'appelant, se répondant à intervalles rapprochés.

Patrick et Cook demeurèrent convaincus de de la vérité qu'ils soupçonnaient,

— Il faut faire évader le roi, dit Cook.

— Pourvu que depuis notre départ de Newport on n'ait pris aucune mesure.

— Les soldats placés ici, soldats nouvellement débarqués, doivent savoir quelque chose.

— Eh ! dit Patrick, enlevons une sentinelle !

Ce projet hardi pouvait coûter la vie aux amis du roi, mais s'il réussissait il permettait d'agir avec ensemble et sûreté !

La nuit était si obscure qu'on ne pouvait apercevoir un homme à dix pas.

La sentinelle la plus éloignée de Carisbrook se promenait régulièrement, répondant aux autres sentinelles.

— Cook, dit Patrick, je suis plus robuste que vous, je me charge de la besogne... où je serai tué ou dans une minute j'aurai réussi... Je descends de cheval, je bâillonne le soldat, je l'entraîne jusqu'ici, nous le jetons en travers de nos chevaux et nous partons : la peur aidant, il nous donnera le mot d'ordre.

— Allez! dit Cook.

Dans ces moments suprêmes, on ne perd pas de temps en causeries. Patrick se laissa glisser à terre, tira son mouchoir de sa poche et prit la direction que lui indiquait la voix de la sentinelle.

Elle passait et repassait devant un enfoncement de muraille qui pouvait cacher Patrick.

L'Irlandais se glissa jusqu'à cet angle, attendit, puis voyant venir le soldat de Cromwell qui murmurait un psaume presbytérien, il s'élança rapidement sur lui et le renversa.

Si brusque qu'eût été ce mouvement, la sentinelle avait poussé un cri.

— Tais-toi, ou je te tue! dit Patrick.

Le soldat était brave, il cria.

Mais Patrick appuya sa large main sur la bouche du covenantaire et appela Cook à son secours.

L'officier accourait déjà.

On avait entendu le soldat, on questionnait de loin et un coup de mousquet fut tiré à tout hasard.

Patrick noua son mouchoir sur les lèvres de la sentinelle, jeta le soldat en travers du cheval, puis Cook et l'Irlandais partirent avec une rapidité capable de défier toute poursuite.

Quand ils se crurent à l'abri, ils mirent de nouveau pied à terre.

— Ami, dit Patrick au soldat, nous tenons pour le roi et l'Eglise; c'est te dire que notre résolution est immuable... Tu ne cours aucun danger si tu nous livres le mot d'ordre. Il ne nous faut que cela et ton habit de soldat de Cromwell... Refuses-tu, nous userons du droit de la guerre, et du droit de la force... On en veut à la vie du roi, rien ne nous coûtera pour l'arracher à ses ennemis... nous voici à la porte de Newport, choisis... un mot, et nous te laissons la vie après t'avoir lié suffisamment pour faire croire que tu es victime des royalistes, et par conséquent exempt de tout blâme... Ne cherche pas à nous tromper; tandis que l'un de nous s'assurera de la véracité de tes paroles l'autre se constituera ton gardien.

Nous avons dit que le soldat ne manquait pas de courage, cela était vrai; cependant, s'il savait bien se battre et garder son poste, ses dispositions guerrières s'affaiblirent quand il se trouva seul sur une route déserte, entre deux hommes qu'il jugeait capables de le tuer sans merci.

Il crut d'ailleurs les choses tellement avancées que ses révélations devenaient inutiles à ceux qui l'interrogeaient et il fit signe qu'il voulait parler.

— Vous m'avez promis la vie, dit-il, j'y compte. Liez-moi comme vous voudrez, je vous donnerai le mot d'ordre.

Cook enleva l'habit au soldat qui pouvait devenir utile en cas de fuite. On le garrotta. Le covenantaire livra le mot de passe et Cook remonta à cheval.

— Si vous ne me voyez pas revenir dans un quart d'heure, dit l'officier à Patrick, rejoignez-moi.

Patrick demeura debout sur la route, écoutant le galop du cheval qui s'éloignait.

Cook dévora l'espace.

Il ne tarda pas à reconnaitre que les avis du pêcheur, les prévisions de Patrick et les renseignements du soldat concordaient d'une façon complète.

Pour éveiller moins de soupçons, Cook mit pied à terre et traversa Newport.

Il était environ minuit.

En face de la maison occupée par le roi, il vit un groupe de soldats ; la porte était gardée ; des sentinelles se tenaient debout à chaque fenêtre.

Cook sentit que la peur, cette peur généreuse qui nous porte à trembler pour les autres, le gagnait jusqu'à la moelle des os.

Il donna le mot d'ordre et passa.

Une haie de soldats s'étendait le long de l'escalier, l'antichambre du roi était pleine de gardes.

L'officier entra dans l'appartement de Charles Ier; on y respirait l'âcre odeur des covenantaires qui fumaient dans la salle voisine.

Charles Ier était assis près de la table, il feuilletait la bible; Richmond et Lindsey paraissaient en proie à une vive agitation.

— Eh bien? demandèrent-ils en voyant entrer l'officier.

— Carisbrook est occupé, la maison est cernée.

— Il faut fuir cependant, dit Richmond.

— Il le faut sans nul doute. Finn-Bar et ses fils ont des chevaux, Ned garde sa barque, et le roi peut aisément quitter cette maison.

— Comment?

— J'ai le mot d'ordre, répondit Cook, et de plus un habit de soldat.

— Fuir! dit le roi, fuir encore! fuir toujours!

oh! je suis las de cette vie de souverain vagabond, de proscrit éternel! que l'armée me prenne si elle le veut, je trouve honteux et lâche de tenter une évasion nouvelle... A quoi me mènera-t-elle d'ailleurs? ne trouverai-je pas une nouvelle hospitalité écossaise, et quelque misérable ne vendra-t-il pas son roi pour de l'or.

—Sire! sire! dit Richmond.

— Mon cœur est plein de dégoût, poursuivit le roi... Si les covenantaires me prennent, il faudra bien qu'ils me ménagent; aucun parti ne peut sans mon alliance fonder sûrement son triomphe.

— Prenez garde, Sire! dit Lindsey, ces gens-là ne se gouvernent point par de telles maximes... que votre Majesté se souvienne d'Hampton-Court!

— Colonel, demanda Richmond à Cook, quel moyen avez-vous employé pour passer?

Cook raconta comment la sentinelle de Carisbrook lui avait donné le mot d'ordre.

— Me feriez-vous également traverser la troupe presbytérienne? demanda le duc.

— Je n'en doute pas.

— Sire, reprit Richmond, nous allons tenter l'épreuve; si elle réussit, si rien ne s'oppose à ce que nous revenions sans obstacle après avoir franchi toutes les portes, nous espérons que vous daignerez suivre nos conseils.

Richmond jeta sur ses épaules une capote de soldat.

Le roi se leva et marcha vers la fenêtre.

Les deux jeunes gens sortirent aisément et revinrent. Ils trouvèrent le roi dans la même attitude.

— Sire, dit Lindsey qui rejoignit Charles près de la croisée, venez, le chemin est libre.

Charles hésitait.

Richmond joignit ses instances à celles de son ami.

Charles sentait la vérité des raisons qu'on lui opposait; mais il trouvait dans l'obligation de garder sa parole de roi un motif puissant de braver ce danger quel qu'il fût.

Cook, qui venait de risquer si courageusement sa vie pour le service de son maître, s'était discrètement éloigné, laissant les deux lords conférer seuls avec le monarque.

Sans doute leur éloquence ébranlait la résolution de Charles car se tournant vers Cook il lui demanda :

— Ned Cook, quel est votre avis?

Le colonel répondit modestement :

— Le roi a ici ses conseillers...

— Ned, mon cher Ned, répéta le roi, je vous ordonne de me donner votre avis.

— Eh bien, sire, dit Cook, que Votre Majesté me permette de lui adresser une question.

— Parlez.

— Si non-seulement je dis, mais je prouve à Votre Majesté que l'armée veut se saisir de sa personne, si j'ajoute que j'ai le mot d'ordre, des chevaux près d'ici, un bateau à mon service qui m'attend, que je suis prêt à accompagner le roi, que cette nuit si noire semble faite exprès, que je ne vois point de véritable obstacle, que fera Votre Majesté?

Charles garda un moment le silence.

— Eh bien, Sire? demanda le colonel.

Le roi secoua la tête.

— Non, dit-il, ils m'ont donné leur parole, je leur ai donné la mienne; je n'y manquerai point.

— Sire, dit Cook, je présume que par *ils* et *leur*, Votre Majesté veut dire : le parlement... Or, tout est changé, c'est l'armée qui veut jeter en prison Votre Majesté.

— N'importe, dit le roi avec fermeté, je ne manquerai pas à ma promesse.

On entendit alors sous la fenêtre un coup de sifflet aigu.

Patrick apprenait par ce signal qu'on devait se hâter.

Charles comprit qu'il perdait la partie suprême, mais il crut devoir la perdre pour garder sa parole de gentilhomme et de roi.

Cook, Richmond et Lindsey paraissaient accablés de douleur.

— Bonsoir, Ned, dit Charles Stuart, bonsoir, Lindsey ; je vais dormir aussi longtemps que je pourrai.

— Sire, dit Cook d'une voix étranglée, je crains que ce ne soit pas long.

Il était environ une heure du matin.

Le roi se jeta sur son lit.

Richmond resta seul auprès de son maître.

Le jour commençait à poindre lorsqu'on heurta à la porte.

Richmond s'élança vers la porte.

— Qui êtes-vous? que voulez-vous? demanda-t-il sans ouvrir.

— Des officiers de l'armée qui veulent parler au roi.

Charles réveillé en sursaut se leva et commença à s'habiller.

Richmond demeurait debout, silencieux, immobile.

De nouveau on frappa à la porte.

Richmond ne se donna même plus la peine d'interroger.

— Ouvrez, dit Charles au duc.

Pour la dernière fois Richmond désigna la fenêtre.

Il était temps encore peut-être de prendre une résolution désespérée ; Patrick attendait, le duc pouvait faire patienter les officiers, ou s'ils s'obstinaient, il se passerait un temps assez long avant que la porte fût enfoncée, et le roi pouvait en profiter.

Charles secoua de nouveau la tête.

Richmond se pressa le front avec désespoir.

— Ouvrez, répéta le roi.

Richmond obéit.

Aussitôt se précipitèrent dans la chambre plusieurs officiers, ayant à leur tête le lieutenant-colonel Cobbett.

Charles les regarda bien en face.

— Sire, dit hautement Cobbett, nous avons ordre de vous emmener.

— Ordre de qui ?

— De l'armée.

— Où voulez-vous m'emmener?

— Au château.

— Quel château... nommez-le.

Cobbett consulta ses compagnons.

En dépit du nombre des officiers qui se trouvaient avec Cobbett, Richmond pensait qu'il était possible de tenter une défense violente, désespérée; Lindsey était tout près, Cook arriverait au premier appel.

Charles comprit la pensée du duc en le voyant tourmenter son épée; il lui adressa quelques paroles pour le calmer. Cobbett dit alors :

— Nous conduisons Votre Majesté au château de Hurst.

Charles se tourna vers Richmond.

— Il ne pouvait en nommer un pire.

Puis il demanda à Cobbett :

— Ne puis-je avoir aucun de mes serviteurs?

— Seulement les plus nécessaires.

— Je garderai donc Harrington, Herbert et Midlay.

Richmond sortit le désespoir au cœur et alla commander le déjeuner du roi.

Mais Cobbett ne souffrit même pas que Charles Ier prît le temps de faire un léger repas, et avant que Richmond revînt, il dit au roi que le moment était venu de partir.

Charles n'ajouta rien.

La voiture était attelée.

Harrington, Herbert et Midlay attendaient.

Le roi trouva Richmond au bas de l'escalier; il lui tendit la main; le duc prononça quelques paroles étouffées par la douleur; puis reconnaissant Patrick caché sous le vêtement d'un pêcheur de la côte, le roi montra le ciel à l'Irlandais.

Cobbett donna des signes d'impatience; Charles monta en voiture.

Midlay, Harrington et Herbert y prirent place auprès de lui.

Alors Cobbett se présenta à son tour; le visage du roi exprima l'indignation; Charles barra du pied le chemin au traître, retira la portière et donna ordre de partir.

— Dieu et le roi! cria Richmond.

— *Erin go braegh!* ajouta une autre voix que Charles reconnut.

Un détachement de cavalerie commandé par Cobbett suivait la voiture.

Un bâtiment attendait à Yarmouth, et trois heures après avoir quitté Newport, Charles franchissait le seuil de Hurst-Castle.

XXIII

MISE EN ACCUSATION.

Hurst ne fut qu'une station rapide.

L'œuvre courait à son achèvement.

C'est à peine si les portes eurent le temps de se fermer sur le captif.

On tentait d'enlever à Charles son énergie en multipliant les terreurs. L'assassinat se cachait à son chevet. Dans la nuit les ponts-levis abaissés ouvraient passage à des soldats, des bruits inusités remplissaient le château. A peine le roi venait-il de s'endormir que les piaffements des chevaux ou des arrivées de troupes le réveillaient en sursaut. Charles faisait bien le sacrifice de sa vie, mais il ne voulait pas mourir entre les murs d'une prison, sous le couteau de ce même Harrisson qui avait formé le projet de l'assassiner pendant les conférences de Newport. Ce fut donc un soulagement pour le malheureux roi, quand il apprit que le grand mouvement qui l'avait effrayé à Hurst était occasionné par le passage de soldats presque immédiatement repartis. Une seule chose laissait trace de leur séjour : l'ordre de transférer Charles Ier à Windsor.

Mais Windsor, c'était encore la vie royale et fortunée, les souvenirs des jours de joie, de pompe, de sécurité. Charles y avait été heureux; il éprouva un allégement de cœur et d'esprit en apprenant qu'il y resterait.

— J'y serai dédommagé de ce que j'ai souffert ici ! dit-il.

Harrisson avait rapidement traversé Hurst, et Cobbett gardait la mission d'accompagner le roi à Windsor.

Charles pressait le départ.

A une lieue de Hurst, la voiture du roi rencontra un corps de cavalerie chargé de l'escorter jusqu'à Winchester.

Pendant la route, Charles put oublier sa captivité et se croire aux premiers beaux jours de son règne.

Le peuple, ce peuple qu'il aimait, dont il rêvait et voulait la liberté dans de justes limites, ce peuple qui ne se tromperait pas sur les intentions de ses maîtres si des meneurs, des révolutionnaires ne troublaient sa logique native, et son instinct qui le sert mieux que les polémiques, le peuple se pressait sur le chemin traversé par le roi.

On jetait des branches vertes sous les roues de la voiture, on souhaitait au monarque une longue vie, une prompte liberté. On l'acclamait, on le bénissait; le cœur de Charles s'allégeait, s'épanouissait, ses yeux brillaient de joie. Accusé par les chambres, il se savait innocent devant son peuple.

Les gentilshommes rangés en haie agitaient l'écharpe des cavaliers; les enfants, les bourgeois, les paysans émettaient les mêmes vœux. Charles les saluait de la main et passait emporté par le galop de ses chevaux.

On approchait de Winchester.

A quelque distance de la ville un cortége imposant barrait la route.

La voiture s'arrêta.

Le maire et les aldermen venaient présenter au roi les clefs de la ville.

Le discours du maire respirait un dévouement profond, une affection vaillante.

Les larmes vinrent aux yeux du roi.

Pour la première fois, cette offrande des clefs lui remua le cœur, jadis cette cérémonie traditionnelle lui semblait faire partie obligée des usages ; mais ce jour-là cette présentation protestait contre la violence du parlement, contre celle de l'armée ; une petite cité se levait et criait : « Vive le roi ! quand on semblait ne plus oser mêler le mot de vie et de règne au nom de Charles Stuart.

Hélas ! le prisonnier de l'armée de Fairfax ne jouit pas longtemps de cette joie. Cobbett voyant toute cette foule s'inquiéta, piqua des deux, et marchant presque sur le maire et les aldermen leur demanda brutalement s'ils oubliaient que la chambre déclarait traître quiconque ferait quelque adresse au roi.

Les royalistes se retirèrent ; ils ne pouvaient rien pour le salut de celui qu'ils venaient de consoler.

Le roi coucha à Winchester.

Le lendemain, entre Alresford et Farnham un second corps de cavalerie releva celui qui jusque-là avait formé son escorte.

Le corps de cavalerie était commandé par un officier de grande mine que Charles remarqua.

Comme le roi passait, l'officier le salua avec respect.

Charles se tourna vers Herbert.

— Quel est cet officier? demanda-t-il.

Herbert hésita.

— Eh bien?

— Sire, c'est le colonel Harrisson.

— Celui qui, m'a-t-on dit, a formé le projet de m'assassiner.

— Oui, sire.

Charles tourna de nouveau la tête, examinant longuement l'officier, et fixant sur lui des regards obstinés.

Harrisson intimidé, troublé, se cacha derrière un groupe de soldats.

— Herbert, dit tout à coup le roi, on m'a trompé ou on s'est trompé... Je m'y connais en physionomie, et cet homme n'est pas un lâche meurtrier.

On s'arrêta à Farnham.

Le roi et les officiers se trouvaient dans la même salle.

Charles aperçut le colonel et lui fit signe d'approcher.

Harrisson hésitait. Son visage exprimait une timidité respectueuse qu'il tenta de masquer de brusquerie.

Charles lui saisit le bras vivement et l'entraîna dans l'embrasure d'une croisée.

— Savez-vous ce que l'on m'a dit, colonel ?

— Je ne sais, Sire...

— On m'a écrit qu'à Newport vous aviez formé le projet de m'assassiner.

— Sire, pouvez-vous penser...

— Je ne crois point, répliqua Charles, cependant vous n'êtes pas de mes amis.

— J'ai dit, Sire, et je puis vous le répéter, que la justice ne fait point acception des personnes, et que la loi est obligatoire pour les grands et pour les petits...

Le roi regarda fixement Harrisson.

Le colonel salua et s'éloigna.

Pendant le dîner, le roi évita de lui adresser la parole.

Charles quitta la table quand un des valets glissa rapidement un billet dans sa main.

Le roi put lire ces deux lignes :

« *Dîner demain à Bagshot. — Souvenez-vous du cheval de lord Newburgh.* »

Charles chercha le valet du regard, celui-ci venait de disparaître.

L'écriture du billet était inconnue, mais une harpe dessinée dans l'angle droit ne lui permettait pas de douter de qui venait cet avis.

Charles témoigna le lendemain le désir de faire à cheval le trajet de Farnham à Bagshot.

L'itinéraire imposé au prisonnier l'obligeait de coucher à Windsor.

Harrisson pouvait donc satisfaire au souhait exprimé par Charles de dîner chez lord Newburgh, sans s'écarter des ordres reçus. Cependant il éprouvait une inquiétude vague, L'insistance du roi fit naître des soupçons. Harrisson n'osa refuser, mais il se promit de veiller, et chargea un de ses hommes de s'introduire dans l'écurie de lord Newburgh, et de n'en laisser sortir aucun cheval.

Lord Newburgh possédait les plus beaux chevaux d'Angleterre. Il tirait vanité de ses écuries et de ses élevages, et l'on savait que l'un de ses chevaux défiait les plus hardis coureurs. Newburgh, prévenu par Patrick du chemin que devait suivre le roi, songea que Charles pourrait facilement échapper à son escorte s'il montait ce cheval unique, que le roi connaissait, et qui plus d'une fois lui avait servi pendant des chasses.

Ce moyen était si simple qu'il pouvait échapper à la soupçonneuse pénétration de Harrisson.

Charles commença par se plaindre de sa monture.

Le trajet se fit lentement.

Lord Newburgh reçut Charles Ier avec tous les égards dus à un roi malheureux.

On servit le repas. Charles espérait qu'on lui laisserait quelque liberté de s'entretenir avec lord Newburgh, mais Harrisson donna de tels ordres que les cavaliers de l'escorte ne quittèrent pas le roi, se tenant debout, un pistolet armé à la main.

Au moment de partir, Charles répéta que son cheval était mauvais, et lord Newburgh mit son écurie à la disposition de Sa Majesté.

Harrisson fronça le sourcil.

Charles accepta avec un sourire.

Lord Newburgh fit un signe, un valet partit pour aller chercher ce coursier à qui Dieu semblait avoir donné des ailes !

Le roi paraissait fort gai. Il jetait autour de lui un long et confiant regard. L'espace semblait si beau à parcourir... L'ivresse de la liberté s'emparait de lui. Il pressa la main de Newburgh d'une étreinte qui signifiait plus que toutes les paroles, et tourna les yeux vers la cour en entendant le pas d'un cheval.

— Pas celui-là ! dit Newburgh au valet, ce n'est pas celui-là que j'offre à Sa Majesté.

— Milord, celui que vous destiniez au roi vient d'être grièvement blessé et se trouve hors d'état de servir...

— Qu'importe, Sire, tentez la fortune, celui-ci est bon coureur !

— Dieu ne le veut pas ! répondit le roi.

Puis se tournant vers Harrisson :

— Je me contenterai du cheval d'un de vos officiers ! dit-il.

Un moment après le cortége reprenait le chemin de Windsor.

Comme Harrisson regagnait sa place, une voix murmura à son oreille.

— Si vous n'avez pas assassiné le roi à Newport, vous l'avez livré à Newburgh !

Il chercha quel homme osait porter cette accusation, mais il lui fut impossible de deviner quelles lèvres l'avaient proférée.

Le soir le roi entrait dans ce palais de Windsor où se levaient pour l'accueillir et l'attrister en même temps des souvenirs lointains de bonheur et de gloire, de grossissante illusion. Il y chercha cette belle et jeune Henriette-Marie qu'il ne devait plus revoir, ces enfants dont trois déjà connaissaient l'amertume du pain de l'exil.

Tandis que Charles franchissait le seuil de Windsor, les communes votaient l'accusation et le jugement du roi.

Un comité fut immédiatement chargé de réunir les griefs qu'on lui imputait.

XXIV

NÉGOCIATIONS.

L'assemblée ne se montra point unanime. Les uns souhaitaient qu'on tentât de nouveau de lui arracher des concessions; quelques-uns disaient qu'il suffirait de le déposer et de le déclarer indigne de la couronne; un dernier parti, sans l'avouer tout haut, se demandait s'il n'eût pas été préférable de se défaire obscurément de ce monarque.

Les libertins hardis, les presbytériens forcenés, les enthousiastes, les amis de Fairfax exigeaient le jugement solennel, en plein jour, à la face des chambres et du peuple.

Cromwell ne se prononçait pas.

Il gardait encore son masque d'hypocrisie : au moment de recueillir le fruit de ses intrigues ténébreuses, il les cachait avec un soin nouveau. Toute sa conduite tendait à amener le résultat obtenu, et il semblait en ressentir de l'épouvante. Quand on le pressa de s'expliquer, il répondit :

« Si quelqu'un faisait cette motion de dessein prémédité, je le regarderais comme le plus inique traître qui fût au monde ; mais puisque la Providence et la nécessité ont jeté la chambre dans cette délibération, je prie Dieu de bénir ses conseils, quoique je ne sois pas prêt à donner sur-le-champ mon avis... »

Avant d'oser mettre le roi en jugement, on promulgua une loi qui autorisait à décréter Charles d'accusation de trahison pour avoir fait la guerre au parlement.

Dans cette œuvre d'iniquité monstrueuse, on éprouvait le besoin de se couvrir d'une justice apparente.

Le décret fut rendu ; il instituait une haute cour chargée de juger Charles Stuart.

A cette cour devaient siéger :

Six pairs ;

Trois grands juges ;

Onze baronnets ;

Dix chevaliers ;

Six aldermen de Londres.

L'ordonnance fut présentée à la chambre haute.

Deux hommes protestèrent hautement dans l'armée, et refusèrent leur adhésion : Vane et Saint-John.

La Haute Cour elle-même trembla en face de l'œuvre qu'elle allait accomplir.

On demandait la convocation du parlement ; mais le parlement existait-il sans le roi ?

Les vieux souvenirs, la fierté, un reste d'honneur, le prestige du passé reprenaient leur empire.

Lord Manchester s'écria que le parlement ne pouvait accuser Charles de trahison, puisque Charles était l'âme de ce même parlement.

Lord Denbigh jura qu'on le mettrait en pièces avant de le faire signer une telle infamie.

Le comte de Panboke refusa également son adhésion.

D'autres lords entraînés par eux protestèrent de la même sorte, et la proposition fut rejetée à l'unanimité.

La chambre des communes s'inquiéta du silence de la chambre haute qui n'avait point daigné répondre.

On députa un membre des communes vers les lords.

Ceux-ci communiquèrent leur vote de la veille.

En apprenant l'opposition de la chambre haute, les communes arrêtèrent que représentant elles seules le peuple anglais elles gardaient le pouvoir souverain et se regardaient comme forcées d'exécuter les volontés du peuple. Les communes tirèrent de leur sein une chambre de justice composée de cent trente-cinq membres qui reçurent l'ordre de s'assembler sans retard.

Les délibérations durèrent huit jours.

Elles étaient présidées par John Bradshaw, cousin de Milton, de ce Milton qui écrivit le *Paradis perdu* et qui vota la mort de Charles Stuart !

Cependant on eût dit que les communes elles-mêmes s'effrayaient en dépit de leur audace. La division éclatait dans l'assemblée régicide. Ces prétendus libérateurs du peuple ne s'entendaient plus sur l'assassinat prémédité. Quelques-uns, poursuivis par de hâtifs remords, manquaient aux réunions, d'autres cédaient aux prières d'une femme, d'une fille, aux conseils d'un ami, et trouvaient un prétexte pour s'abstenir.

Au lieu de cent trente-cinq membres, cinquante à peine se trouvaient aux séances préparatoires.

Fairfax, ce chef déspotique de l'armée, Fairfax

au nom de qui paraissaient agir les ennemis, les persécuteurs, les geôliers, les meurtriers du roi, alla une seule fois à l'assemblée et ne s'y montra plus.

Le dégoût de cette œuvre lui venait. Il s'était battu en soldat, et ne pouvait se résoudre à devenir bourreau.

Quelques-uns même des membres inscrits n'allèrent à une séance que pour déclarer leur opposition au procès du roi.

Algernan Sidney quitta le château de son père et vint protester contre les mesures prises. Il les trouvait non-seulement iniques, mais dangereuses, impolitiques ; il redoutait un conflit, une guerre civile plus acharnée encore qu'une guerre de partisans.

Devant lui Cromwell leva le masque :

« Personne ne remuera! dit-il, je vous dis que nous couperons la tête de Charles avec la couronne dessus. »

Quand les républicains forcenés se furent débarrassés des hommes qui les improuvaient, ils réglèrent la forme du procès intenté au roi.

John Coke, l'intime ami de Milton, fut nommé procureur général, et chargé de porter tout haut l'accusation contre le souverain.

On choisit pour greffier Henri Scobell, Elsuig

s'étant retiré pour cause de maladie, avait-il dit, mais en réalité pour ne point déshonorer son nom en le mettant au bas d'actes monstrueux.

Rien ne fut oublié ; ni le nombre des régiments chargés du service pendant le procès, ni les divers postes des sentinelles.

La salle dans laquelle devait se tenir cette cour de justice fut gardée par un nombre incroyable de soldats. On en plaça aux portes, le long des escaliers, sous les fenêtres, dans les couloirs, partout !

Charles n'ignorait rien de ce qui se passait.

Il sentait approcher la fin de la lutte et bénissait le Ciel de lui laisser cette force morale dont il avait donné tant de preuves lors des conférences de Hampton-Court et de Newport.

Il voulait paraître en roi devant cette réunion de révoltés. Il calmait, il apaisait son âme par la prière. Comme il ne se sentait coupable d'aucun des crimes dont on l'accusait, pour toute défense il voulait raconter sa vie.

Cependant il éprouva quelque émotion en apprenant qu'on allait le transférer à Londres.

Il savait que l'Irlande s'armait pour sa cause ; à Windsor il gardait quelque espoir de secours, d'évasion ; une fois à Londres, on pouvait encore mourir pour lui, mais on ne le sauverait plus.

Cependant quand le colonel Whitchott, gouverneur de Windsor, annonça au roi que dans quelques jours il quitterait le château, Charles répondit :

« Dieu est partout ! et partout le même en puissance et en bonté. »

Les communes regardaient si bien Charles Ier comme mort, que des agents reçurent ordre de parcourir les châteaux royaux, les résidences, les palais et de dresser un inventaire de tous les meubles de prix qui s'y trouvaient.

Du reste, à partir du jour où la cour se fut constituée, avant qu'un jugement eût déclaré Charles coupable, on le traita en criminel.

Jusqu'à ce moment il était resté roi, sinon aux yeux de l'armée et des têtes-rondes, du moins pour ceux qui l'approchaient.

Le cérémonial était observé comme au temps où Charles régnait avec Henriette de France.

C'était la dernière compensation, le dernier vestige de respect qu'on laissait à l'hôte passager de Carisbrook, de Hurst, de Windsor.

Brusquement tout changea.

Un soir Charles, entrant dans la salle où il prenait ses repas, vit qu'on avait enlevé le dais marquant sa place. Le salon de parade était vide des amis, des curieux qui venaient faire au roi cette muette visite pendant laquelle il échangeait quelques regards et quelques signes d'amitié avec ses fidèles. Le maître d'hôtel, l'échanson, l'écuyer tranchant ne se trouvèrent plus à leurs postes. Charles éprouva un vif mécontentement, ce symptôme le frappait et l'effrayait.

Il se mit à table et feignit de ne pas comprendre la portée du changement opéré.

Un moment après des soldats parurent; ils portaient les plats composant le dîner du roi.

Les plats étaient découverts.

Nul ne présenta la coupe à genoux.

Nul ne goûta les mets selon l'usage.

Charles mangea peu.

Le soir il dit à Herbert :

« Les égards qu'on me refuse n'ont jamais manqué à un souverain... est-il rien de plus méprisable qu'un prince qu'on avilit ? »

Le lendemain il commanda qu'on le servît dans sa chambre, et réduisit sa table au strict nécessaire, afin d'abréger la durée des repas.

Cependant, quelque amère que fût la vie à Windsor, quelque rétréci que fût l'espace dans lequel le malheureux roi pouvait encore se mouvoir, cette existence lui appartenait, et si une menace grondait dans l'air, il n'en pouvait entendre que l'écho.

Nul n'osait entretenir Charles Stuart de ce qui se tramait à la chambre des communes. Le jugement d'un roi était chose nouvelle dans l'histoire ; les peuples dans leurs révolutions et leurs frénésies n'avaient point pris le glaive de la loi pour frapper. Des souverains étaient morts sous le poignard ou le poison, étouffés, étranglés, n'importe ! mais ces morts violentes gardaient la monstruosité du crime ; cette fois on tentait de rendre légal l'assassinat et de légitimer le régicide. Charles pouvait fouiller l'histoire, aucune page ne lui montrerait un roi décapité par un bourreau...

Il apprit cependant qu'on allait le juger, lui! un Stuart !

Son juste orgueil se réveilla ; une généreuse indignation fit bouillonner le sang dans ses veines.

Puis la résignation une fois encore apaisa les colères légitimes, et la sérénité redescendit dans son esprit.

Le 19 janvier, un corps de cavalerie parut à Windsor.

Le colonel Harrisson, qui plusieurs fois déjà avait rempli des missions de ce genre, devait emmener le roi à Londres au palais de Saint-James.

Charles Ier, prévenu au moment même du départ, ne fit aucune question, aucune observation.

Comme il se disposait à monter en carrosse, il vit s'approcher de lui un des vaillants qui de leur épée, de leur sang et de leur fortune, le défendirent si longtemps.

Le duc de Hamilton, fait prisonnier à la bataille de Warington et jeté dans les prisons de Windsor, venait d'obtenir la faveur de dire un dernier adieu à Charles Ier.

En l'apercevant le roi éprouva une consolation mêlée de tristesse. Il se souvenait que Hamilton avait perdu pour lui sa fortune et sa liberté, il prévoyait qu'il paierait de sa vie sa fidélité à la cause royale.

Quand le duc se trouva près de Charles Ier, il tomba à ses genoux, et des yeux de ce vaillant, de ce preux coulèrent d'abondantes larmes.

« O mon maître ! mon cher maître ! » répétait-il.

Et il ne trouvait que ces mots parmi ses pleurs.

Le monarque le releva avec bonté et lui serrant les mains :

« C'est vrai, mon ami, j'ai été un maître bien cher pour vous. »

L'entrevue ne pouvait être longue. Harrisson attendait.

Un carrosse à six chevaux était attelé dans la grande cour. Charles échangea un dernier regard avec ses amis, puis la voiture courut sur la route de Londres.

Quelques heures après le roi se trouvait à Saint-James.

On ne lui laissa plus que Herbert.

Le fidèle serviteur devait coucher à côté du lit du roi.

Partout se trouvaient des sentinelles : aux fenêtres, aux portes ; Charles appartenait à ses juges.

La nuit passée, se lèverait le 20 janvier ; et le 20 janvier devait voir cette chose étrange : un roi traduit à la barre, un roi jugé par ceux qui ont prêté serment de vivre et de mourir à son service.

XXV

PROCÈS.

La grande salle de Westminster présente un aspect inaccoutumé. Elle a vu pourtant bien des assemblées, et plus d'une fois les membres qui y siégent remplirent de graves mandats. Mais à cette heure une impression nouvelle, sourde, puissante, mélange inouï de fanatisme et de cruauté, court et se propage dans les groupes. Les hommes qui sont assis à leurs bancs se sont donné un mandat, ils ont extorqué à la nation des pouvoirs dont ils abusent. Ils veulent accomplir ce qu'ils ont préparé, médité ; cependant ils ne se sentent pas libres de toute terreur, et le droit est si peu pour eux qu'à l'heure où ils voient passer celui qu'ils mandent à leur tribunal, ils ne sont pas bien sûrs au nom de qui ils le jugent.

Cromwell lui-même, Cromwell qui a conduit cette œuvre, ourdi cette trame voyant de la fenêtre sur laquelle il se penche entrer celui qu'il a juré de perdre, s'écrie avec trouble :

« Qu'allez-vous répondre, Messieurs, car il vous demandera sur-le-champ au nom de quelle autorité vous prétendez le juger? »

Et Henri Martyn répondit :

« Au nom des communes assemblées en parlement, et de tout le bon peuple d'Angleterre. »

Les cinquante hommes réunis dans la salle de Westminster, entendant un bruit de soldats, de foule et d'armes se dressèrent, s'affermirent sur leurs siéges.

L'heure solennelle est venue.

Le président Bradshaw siégeait sur un fauteuil de velours cramoisi, ayant à ses pieds le greffier assis près d'une table couverte d'un riche tapis de Turquie et sur laquelle furent déposées l'épée et la masse ; à droite et à gauche, assis sur des siéges de drap écarlate se trouvaient les membres de la chambre des communes.

Un peu en avant de ce tribunal, se tenaient les hommes d'armes.

On ouvrit les portes, et une foule compacte

se précipita dans la salle, avec la rapidité et les grondements d'un torrent qui brise ses digues. Il y eut des cris, des murmures, des plaintes, des vociférations, des blasphèmes.

Dans une tribune se cachaient des curieux timides ou de secrets amis du roi.

Le silence et le calme s'établirent avec peine.

La lecture de l'acte par lequel la chambre des communes se constituait en cour, fut faite au milieu du tumulte.

L'appel nominal des membres de la chambre suivit cette lecture ; soixante-neuf noms retentirent dans la salle de Westminster, soixante noms voués à l'exécration publique, et que l'histoire marque de rouge comme fit l'ange exterminateur aux portes des fils d'Égypte.

Bradshaw ordonna au sergent d'introduire le prisonnier.

Charles Ier parut sous la garde du colonel Haker et de trente-deux officiers.

Le roi entra la tête haute, le visage calme.

Il ne se découvrit point, promena sur la foule un tranquille regard, puis s'assit.

De la tribune et de la foule plusieurs voix crièrent:

« Dieu sauve Votre Majesté ! »

Une autre ajouta :

« Dieu sauve l'Irlande ! »

Charles se releva, et pour la seconde fois regarda derrière lui. Il comptait les siens, il dominait les autres. Sous ce regard hardi et fier les juges baissaient les yeux, et les spectateurs se troublaient.

Quand le roi se rassit, un silence de mort régnait dans la salle.

Le président Bradshaw dit à voix haute :

« Charles Stuart, roi d'Angleterre, les communes d'Angleterre assemblées en parlement, profondément pénétrées des maux qu'on fait tomber sur cette nation, et dont vous êtes regardé comme le principal auteur, ont résolu de poursuivre le crime du sang ; dans cette intention elles ont institué cette Haute Cour de justice devant laquelle vous comparaissez aujourd'hui. Vous allez entendre les charges qui pèsent sur vous. »

Le procureur général Coke se leva pour prendre la parole, mais le roi était déjà debout, et touchant Coke à l'épaule de la pomme de sa canne.

« Silence ! » dit-il.

Ce mouvement rapide, l'indignation dont Charles n'avait pas été maître en voyant qu'on osait l'accuser, lui, le roi, firent tomber la pomme de sa canne.

Charles la releva, prit sa place et écouta le réquisitoire. Au milieu de la lecture il se leva cependant de nouveau, promenant des regards tranquilles tantôt sur les juges, tantôt sur les spectateurs.

Coke ayant prononcé les mots de *meurtrier, traître, tyran*, Charles Stuart sourit silencieusement.

Quand la lecture du réquisitoire fut terminée Bradshaw, supprimant dans son langage toutes les formules de respect, dit au roi:

— Monsieur, vous avez entendu votre acte d'accusation, la cour attend votre réponse.

— Je voudrais savoir, répondit paisiblement Charles Ier, par quel pouvoir je suis appelé ici. J'étais, il n'y a pas longtemps, dans l'île de Wight, en négociation avec les deux chambres du Parlement, sous les garanties de la foi publique. Nous étions près de conclure le traité. Je voudrais savoir par quelle autorité, j'entends légitime, car il existe dans le monde beaucoup d'autorités illégitimes, comme celle des brigrands et des voleurs de grand chemin; je voudrais, dis-je savoir par quelle autorité j'ai été tiré de là, et conduit de lieu en lieu, je ne sais à quelle intention. Quand je connaîtrai cette autorité, je répondrai.

— Si vous aviez bien voulu faire attention à ce qui vous a été dit par la cour à votre arrivée ici, reprit le président, vous sauriez quelle est cette autorité. Elle vous requiert au nom du peuple d'Angleterre dont vous avez été élu roi, de lui répondre.

— Non, Monsieur, je nie ceci, répliqua Charles Ier.

— Si vous ne reconnaissez pas l'autorité de la cour, elle va procéder contre vous.

— Je vous dis, fit Charles Stuart, que l'Angleterre n'a jamais été un royaume électif, elle est depuis plus de mille ans un royaume héréditaire. Faites-moi donc connaître par quelle autorité je suis appelé ici. Voilà M. le lieutenant colonel Cobbett ; demandez-lui si ce n'est pas par force que j'ai été amené de l'île de Wight. Je soutiendrai contre qui que ce soit les justes priviléges de la chambre des communes. Où sont les lords ? Je ne vois point ici de lords pour constituer un parlement ; il y faudrait aussi un roi. Est-ce ce qu'on appelle amener un roi à son parlement ?

Bradshaw mit de l'irritation dans l'accent avec lequel il répliqua :

— Monsieur, la cour attend de vous une réponse définitive : si ce que nous vous disons de notre autorité ne vous suffit pas, cela nous suffit à nous ; nous savons quelle se fonde sur l'autorité de Dieu et du royaume.

— Ce n'est ni mon opinion ni la vôtre qui doivent décider, répondit le roi.

— La cour vous a entendu, dit sèchement Bradshaw ; on disposera de vous selon ses ordres.

Le président désigna Charles Stuart aux soldats et au colonel Hacker.

— Qu'on emmène le prisonnier ! dit-il.

Puis Coke ajouta :

— La cour s'ajournera à lundi prochain.

Charles se leva. En passant près de la table du greffier, il vit l'épée et l'effleurant du bout de sa canne :

— Je n'ai pas peur de cela ! dit-il.

Lentement le roi sortit de la salle ; l'escalier était encombré.

On entendait dans cette foule des vœux de salut pour le roi, des protestations de dévouement, des sanglots.

Et cette attitude du bon peuple d'Angleterre était une réplique suffisante à cette phrase de Bradshaw qui affirmait si bien que la chambre des communes agissait au nom du peuple anglais.

— Dieu sauve le roi !

— Dieu sauve Votre Majesté!

criait la foule, et parmi ces voix Charles Stuart en reconnaissait quelques-unes, celles des derniers défenseurs de sa cause, peut-être ses derniers martyrs.

Il aperçut le grand front chauve de Finn-Bar, il rencontra les yeux ardents de Patrick. En ce moment sans doute un regret lui traversait l'âme. Pourquoi ne s'était-il point évadé de l'île de Wight, quand le succès était certain? pourquoi ne profita-t-il pas de l'offre de lord Newburgh ?

Et si Charles n'avait pu réussir à s'échapper, entre tous les soldats qui tenaient une arme, certes il pouvait compter que l'un d'eux lui enverrait une balle, et cette balle c'était la mort, la liberté !

Mais Charles Stuart gardait une foi robuste, si robuste qu'elle ne lui permettait pas même de chercher le trépas dans une aventure si incertaine. Avant de paraître devant Dieu, il voulait se recueillir et prier.

Il voulait s'apaiser dans le pardon.

Il rentra dans sa prison de Saint-James.

Le lendemain il dut de nouveau faire le trajet de Saint-James à Westminster. Les acclamations furent les mêmes. Bradshaw menaça d'emprisonnement ces *agitateurs*, les cris de « Vive le roi » redoublèrent.

Pour la seconde foi le roi protesta contre la prétendue autorité siégeant à la chambre des communes. Bradshaw répéta comme la veille que Charles n'avait point à contester la juridiction de la cour, mais bien à plaider sur l'accusation, *coupable ou non coupable*.

Charles sourit sans rien répondre.

— Qu'on emmène le prisonnier, cria le président.

Le roi se tourna brusquement vers la foule.

— Rappelez-vous, dit-il, que le roi d'Angleterre est condamné sans qu'il lui soit permis de donner ses raisons en faveur de la liberté du peuple.

Et un cri unanime sortit de toutes les poitrines :

— Dieu sauve le roi !

Chaque jour grandissait la sympathie du peuple pour Charles Stuart ; chaque jour l'énergie de la protestation populaire s'accentuait davantage. Les soldats proféraient des menaces terribles, et le peuple raillait les soldats.

On punissait, on châtiait, mais l'élan devenait général; il gagnait de proche en proche. Chaque séance prouvait davantage l'injustice, le parti pris, la mauvaise foi de la commission régicide. Le bon sens des masses se révoltait. Jamais le peuple anglais ne souhaita la mort de son roi. On traduisait mal sa pensée, ou plutôt des ambitieux affectaient de la comprendre et de s'en emparer pour masquer leur avidité et leur haine.

Le 23 janvier, comme Charles Ier sortait de la séance, un soldat de la garde cria très-haut :

— Dieu vous bénisse, Sire !

Un officier s'élança sur le soldat et le frappa brutalement.

— Monsieur, dit le roi, la punition surpasse la faute.

Depuis le commencement du procès le vœu public se manifestait sous toutes les formes.

Le comité de sang n'avait plus le temps de respirer.

Les ministres de France protestaient contre cet attentat à la Majesté Royale.

Henriette-Marie sollicitait la permission de rejoindre son époux afin de partager ses périls.

Le prince de Galles s'adressait à Fairfax et au conseil des officiers, afin de rallumer dans leur cœur le sentiment de la justice et de l'honneur militaire.

Les commissaires d'Écosse s'élevaient contre l'attentat, et recusaient toute complicité.

John Cromwell, cousin d'Olivier, accourut de Hollande où il avait pris du service, et reprocha vivement au lieutenant général l'indignité de sa conduite.

De tous côtés le roi se trouvait appuyé, défendu. Jamais dans la phase la plus brillante de son règne, il ne recueillit plus de suffrages et n'entendit de plus sincères protestations.

La chambre des communes comprit qu'elle devait se presser d'achever son œuvre, sans quoi on pourrait bien s'attaquer à elle-même.

La cour s'acharna sur son homicide labeur.

Pendant les journées du 24 et du 25, elle entendit de prétendus témoins venant parodier des formes de justice légale ; et avant de se séparer les quarante-six membres de la commission qui siégeaient ce jour-là votèrent la mort de Charles Ier.

Martyn Scott, Harrisson, Lisle, Say, Ireton et Lone furent chargés de la rédaction de la sentence.

Le lendemain on en discuta les termes.

Le 27 janvier elle devait être approuvée.

A deux heures la conférence s'ouvrit dans la chambre peinte.

Comme à l'ordinaire elle commença par l'appel nominal.

Un grand nombre de membres manquaient, entre autres Fairfax. Quand on l'appela, une voix de femme dit dans la tribune :

— Il a trop d'esprit pour être ici.

Lady Fairfax protestait en son nom et au nom de son mari, ennemi du roi, il est vrai, mais non assassin comme Cromwell.

Le roi demanda à dire quelques mots; on ne le lui permit pas.

Charles s'assit avec son calme ordinaire.

Bradshaw prit la parole :

— Messieurs dit-il, il est bien connu de tous, que le prisonnier ici à la barre a été plusieurs fois amené devant la cour pour répondre à une accusation de trahison et autres grands crimes, présentée contre lui au nom du peuple d'Angleterre.

Bradshaw fut interrompu par lady Fairfax.

— Où est le peuple? demanda-t-elle; où est le consentement du peuple?

— Dieu sauve le roi! cria la foule.

— Cromwell est un traître ! dit la voix vibrante de lady Fairfax.

L'assemblée tressaillit, un inexprimable tumulte s'éleva, tous les regards se tournèrent vers la galerie.

Lady Fairfax répéta :

— Cromwell est un traître.

Alors un officier nommé Axtell, et dont il faut que la mémoire soit flétrie, cria à ses soldats :

— Feu sur la galerie ! feu sur les femmes !

Lady Fairfax se pencha en avant, leva son voile et dit avec calme :

— Feu sur moi !

La foule applaudit avec enthousiasme, les soldats qui couchaient en joue la courageuse créature baissèrent leurs armes en entendant le cri d'indignation qui répondit à leur geste.

Le silence fut longtemps avant de s'établir.

Bradshaw énuméra les prétendus crimes de Charles Ier, et demanda ce qu'il avait à dire pour sa défense.

Charles demanda à être entendu en particulier par les chambres et les communes.

Dans la foule se répandit le bruit que le roi voulait proposer son abdication en faveur de son fils.

Le peuple favorable au roi appuyait sa demande. Les communes sentaient que tout retard entravait et ruinait leurs projets. Le trouble, la défection se glissaient déjà au sein du comité. Les soldats, excités par leurs officiers, multipliaient les insultes envers le roi. Celui-ci ne paraissait pas s'en apercevoir et continuait à discuter. L'heure était terrible. Axtell riait, raillait tout haut afin d'étouffer la voix de Charles Stuart. La salle présentait un effrayant et sauvage spectacle.

Si grande était l'indignation du souverain qu'il domina pourtant ce tumulte.

« Écoutez-moi ! écoutez-moi, » répéta-t-il.

Les cris d'Axtell et de ses soldats recommencèrent.

Mais un mouvement en faveur du monarque s'opéra sur les bancs mêmes des juges.

L'un d'eux se leva tremblant et pâle.

« Avons-nous des cœurs de pierre ? demanda Downs ; sommes-nous des hommes ? »

Cowley et le colonel Wautan ses voisins tentèrent de le calmer.

« Vous vous perdez ! lui dit Cowley.

— N'importe, répondit Downs ; dussé-je en mourir, je parlerai. »

Cromwell l'entendit et se retourna :

« Colonel, dit-il, êtes-vous dans votre bon

sens ? A quoi pensez-vous ? ne pouvez-vous vous tenir tranquillle ?

— Non ! répliqua Downs, non, je ne le puis... Milord, ajouta-t-il en s'adressant à Bradshaw, ma conscience n'est pas assez éclairée pour me permettre de repousser la requête du prisonnier... Je demande que la cour se retire pour en délibérer. »

Bradshaw ne pouvait refuser.

A peine les membres de la commission furent-ils entrés dans la salle, que Cromwell apostropha brutalement Downs.

Il ne lui permit point de s'expliquer, l'interrompit sans pudeur et sans repos, et termina en répétant :

« Finissons-en, rentrons, et faisons notre devoir. »

Hawey, Downs, Wayte, Robert Lliburne, s'élevèrent avec énergie contre ces monstrueuses paroles. Cromwell dompta ceux qui restaient indécis, et au bout d'une demi-heure la cour rentra en séance.

Bradshaw annonça au roi que la cour rejetait sa proposition.

Charles Stuart n'insista plus.

Bradshaw commença la lecture du jugement.

L'orateur fut acerbe, dur, amer. Il fit un long discours pour rappeler au roi ses torts imaginaires ; il rejeta sur le souverain la guerre civile et les maux qu'elle avait entraînés ; il termina pas une apologie du parlement.

Le greffier lut ensuite la sentence, elle se terminait ainsi :

« La cour, convaincue dans sa conscience que Charles Stuart est coupable des crimes qui lui sont imputés, le condamne comme traître et meurtrier, ennemi du bon *peuple* anglais, à avoir la tête tranchée. »

Le roi regarda bien en face l'homme qui en ce moment faisait une hache de sa parole.

Pas un des muscles du visage de Charles ne bougea, ses yeux gardèrent leur sérénité, son front un calme auguste.

Mais Bradshaw n'avait pas assez sans doute de cette victoire légale en apparence ; il lui fallait y joindre la torture, et il savait bien entre les mains de quels hommes il livrait la victime royale, quand il ajouta :

« Gardes, emmenez le prisonnier ! »

Il se passa alors une scène horrible, et qui suffirait à flétrir la cour des communes.

Le roi se trouva brusquement entouré par des

soldats à qui sans doute Axtell avait donné le mot d'ordre.

Le peuple massé dans la salle et les spectateurs placés dans les tribunes criaient à la fois :

« Dieu sauve le roi !

— Dieu le délivre !

Pendant ce temps des misérables enlevaient de la barre le royal prisonnier, et l'entraînaient le long des escaliers en l'accablant de grossiers outrages. Le lieutenant qui avait ordonné de tirer sur les femmes, excitait à l'injure ses gardes avinés. Axtell alla plus loin qu'eux tous, et trouvant sans doute que les propos immondes, les appels au supplice, les brutalités de langage ne suffisaient pas, il osa cracher au visage de Charles...

Le roi se recula comme si un fer rouge lui eût brûlé la joue.

Aveuglé par la fumée des pipes des soldats, traîné sur les dalles, meurtri de coups, il ne se départit en rien de sa patience ; on l'entendit même plaindre ses bourreaux.

Ses amis le rejoignirent enfin.

Il reconnut dans la foule le marquis de Herford, le duc de Richmond. les comtes de Lindsey et de Southampton, puis Finn-Bar, Patrick, ses frères, et Jessy O'Connor, qui marchait près de lady Fairfax pour qui subitement elle s'était prise d'une vive sympathie. Lady Aubigny, qui avait failli payer de sa vie la conspiration de la Sainte-Marguerite, se tenait à quelque distance de lady Fairfax.

Dans l'histoire de toutes les révolutions, on trouve des femmes magnanimes à côté d'hommes vendus et de bourreaux. Les Stuarts si cruellement proscrits éprouvèrent tout ce que peut le dévouement des femmes, appuyé par leur volonté, aidé par leur finesse. Charles Ier, Charles II, Jacques, Charles-Édouard chacun à son tour trouva protection et consolation dans des cœurs de femmes. Henriette-Marie commença l'œuvre, d'autres la poursuivirent et l'achevèrent.

Charles Ier reconnut Jessy et lady Aubigny.

Quant à lady Fairfax, qui par deux fois avait protesté contre l'assassinat juridique de Charles, elle chancela presque en apercevant le monarque ; cependant elle se remit, et murmura à l'oreille du monarque :

« Sire, pardonnez à une insensée !

— Comme je supplie Dieu qu'il me pardonne à moi-même, » répondit le roi.

Charles monta dans sa chaise, et les porteurs prirent le chemin de Whitehall.

Ces hommes, pleins de respect pour la majesté tombée, demeurèrent tête nue.

Axtell le remarqua :

« Couvrez-vous ! leur cria-t-il, couvrez-vous donc en face de l'ennemi de l'Angleterre. »

Les porteurs feignirent de ne point entendre.

Charles mit la tête à la portière.

— Ne vous exposez pas pour moi, mes amis !

— Sire, dit l'un d'eux, c'est notre façon de protester. »

Deux rangs de soldats placés de chaque côté du chemin contenaient la foule. On entendait du sein de cette masse des yeux ardents, des pleurs, des serments de vengeance.

L'armée, dévouée à Ireton et à Cromwell essayait de couvrir la voix populaire. On refoulait contre les maisons les bourgeois, les ouvriers, les apprentis, et ces rats d'eau de la Tamise dont Charles avait failli se faire des ennemis, et qui se montraient à cette heure sympathiques à la cause royale, de telle sorte qu'ils eussent tenté un coup de main pour arracher le roi aux soldats si Patrick ne leur avait fait donner avis que l'heure n'était pas sonnée.

Quand Charles descendit de sa chaise, des agents de Cromwell répétèrent leurs cris :

« Justice ! exécution ! justice ! »

Charles se tourna vers Herbert.

« Pauvres gens ! lui dit-il, pour un schelling, ils en crieraient autant contre Ireton et Cromwell. »

Une dernière fois le regard du roi embrassa la foule.

Une dernière il compta ses amis.

« Si je voulais ! » murmura-t-il.

Il franchit le seuil de Whitehall, et longtemps encore il put entendre le peuple anglais, ce même peuple au nom duquel les chambres le condamnaient à mort, prier à haute voix pour son malheureux roi.

XXVI

DERNIÈRE CONSOLATION.

L'évêque Juxon était assis dans son cabinet de travail. La tête plongée dans ses mains, il se demandait s'il n'était plus humainement possible de faire quelques chose pour son noble maître, quand lord Southampton et le marquis d'Herford se firent annoncer.

Juxon se leva, l'éclair de la confiance ranima son regard ; et marchant au-devant des nobles visiteurs, il leur dit avec un accent intraduisible :

« Tout n'est donc pas perdu !

— Milord, répondit Southampton, le salut de Charles Ier nous semble encore possible.

— De quoi dépend-il ? demanda l'évêque.

— Du nombre de gens qui consentiront à se faire tuer. »

Juxon ne put retenir un cri.

— Encore des massacres ! fit-il.

— Croyez-vous donc, demanda le marquis d'Herford, que le sang royal coulant sur l'échafaud apaiserait la soif de la hyène ? Charles Stuart mort, vous verrez se multiplier les exécutions et les supplices. Les cavaliers expieront leur zèle pour une cause sacrée ; les anglicans, leur attachement aux vieux rides religieux ; les catholiques, leur fidélité à la religion de la reine ; les Irlandais, leur énergique défense du sol natal... Les Têtes Rondes nivelleront l'Angleterre, l'Écosse et l'Irlande. Les farouches soldats d'Ireton feront moins de mal encore que ces prétendus prophètes parlant au nom de la Bible, et se proclamant des saints de leur propre chef. Il faut que Charles soit sauvé ; d'abord parce que sa condamnation resterait à jamais une honte pour l'Angleterre, ensuite parce que d'irréparables malheurs vont se succéder si le parti des bourreaux l'emporte sur celui du peuple et si la Chambre des communes prétend se passer de la chambre des lords pour décider non-seulement des affaires du royaume, mais encore de la destinée des rois !

— Milord, dit Juxon, vous avez raison ; dix fois, mille fois raison ; mais êtes-vous sûr d'un nombre d'hommes suffisant pour tenter d'enlever Charles Ier de Whitehall ?

— Oui, seigneur évêque ; Patrick l'Irlandais s'est chargé d'enrégimenter les mariniers de la Tamise ; le peuple des faubourgs de Londres ne jure que par Finn-Bar Mac O'Rourke ; ceux que n'entraîne pas le zèle de ces hommes, cèdent au prestige et à l'enthousiasme qu'excite Jessy O'Connor. Le duc de Richmond attend notre avis ; Lindsey est prêt à agir ; de tous côtés les amis du roi se préparent à la défense.

— Aurons-nous le temps ? demanda Juxon.

— Nous sommes au 27 janvier, dit Southampton, on ne peut songer à exécuter la sentence avant huit jours.

— Cromwell a hâte d'en finir, murmura Juxon.

— Dans tous les cas, ajouta le marquis d'Herford, il ne saurait nous devancer. Nos précautions sont prises. Nous avons l'autorisation de visiter le roi à Whitehall, et je vous jure que Charles Ier s'évadera sous l'habit de l'un de nous.

— Ah ! dit Juxon, vous oubliez les sentinelles.

— Je n'oublie pas de prendre de l'or, seigneur évêque ; s'il le faut, j'achèterai toute une garnison. D'ailleurs. il nous reste un dernier moyen, si la persuasion échoue. »

En ce moment un des secrétaires de l'évêque entra et remit un billet à Juxon.

« De Finn-Bar ! » dit-il en regardant l'écriture.

Après avoir parcouru la lettre il ajouta :

— Il demande à se concerter avec vous, et il attend.

— C'est Dieu qui l'envoie ! » dit Southampton.

Une minute après Finn-Bar était introduit. Son visage était d'une pâleur de cire, ses longs cheveux complétement blancs flottaient sur son habillement de drap sombre. Il salua sans parler.

« Eh bien ? demanda Southampton.

— Les apprentis s'engagent à assiéger Whitehall si vous échouez, milord, dans votre tentative ; de plus les *rats d'eau* nolisent leurs barques et préparent la fuite du roi. Patrick répond de cette armée.

— Et de l'argent ? ajouta Herford.

Nous possédons d'abord vos fortunes, milords, ensuite il n'est pas une femme ou une fille de royaliste qui n'ait envoyé ses diamants ; le peuple offre son épargne, le pauvre son obole ;

nous en possédons mille fois plus qu'il n'en faut pour corrompre les geôliers de Whitehall et les soldats d'Ireton.

— Quand pensez-vous agir ? demanda Southampton.

— Demain, répondit Juxon, je verrai le roi.

— Préparez-le à notre visite, » dit le marquis d'Herford. Pendant que le roi Charles déguisé traversera Whitehall, un parti des nôtres, sous prétexte de nous accompagner et de faire une démonstration, se tiendra à même de résister aux soldats s'ils venaient à reconnaître le roi. Après l'adresse, la force ! Si nous succombions dans cette lutte, n'est-il pas préférable de voir tomber Charles Stuart dans une mêlée que de penser qu'il montera sur l'échafaud ?

— Attendre à demain, dit Finn-Bar, c'est bien long.

— C'est de la prudence, dit Juxon.

— Mais si le roi refuse notre concours ? ajouta Herford.

— Nous le sauverons malgré lui, répondit Southampton.

— A demain donc donc ! dit Finn-Bar.

— Ne laissons rien à l'aventure, dit l'évêque ; malgré votre juste impatience, milords, vous n'avez pas trop de temps pour terminer vos derniers préparatifs. »

Tandis que Juxon, Herford, Southampton et Finn-Bar méditaient, corrigeaient, arrêtaient leur plan définitif, le roi Charles rentré à White-hall se plongeait dans une méditation suprême.

Il avait, en entendant prononcer sa sentence, renoncé tout à coup et brusquement aux espérances terrestres. Longtemps en valeureux Stuart il défendit sa couronne et sa vie ; le chrétien remplaçait le roi et se courbait sous la main de la Providence. Tout était dit sur la terre ; mais le Ciel, qui ne pouvait ratifier l'iniquité du jugement de la chambre, réservait au roi-martyr des compensations célestes. Elle commençait son œuvre par le douer d'une invincible force de conscience, par l'entourer d'une atmosphère de paix.

Les attachements tendres, les ambitions légitimes, les pensées d'avenir cessèrent de parler un langage humain. Charles jugea les choses du lendemain avec une admirable fermeté. Cessant de songer à lui, il pensa seulement à laisser un testament politique et à confier les derniers vœux de son cœur.

Le roi, l'époux et le père devaient agir pour la dernière fois.

Le roi voulait protester de son respect pour les libertés du peuple anglais ; l'époux désirait envoyer à Henriette-Marie ses suprêmes adieux; le père appelait sur son cœur les seuls enfants qu'il eût encore en Angleterre.

Tous les moments devenaient précieux.

Charles Ier leur imprima le caractère de la pensée religieuse.

Il avait été assez fort contre sa propre tendresse pour refuser l'offre qu'Henriette-Marie lui avait faite de venir partager ses dangers et sa captivité. Des courriers portaient en France à la fille d'Henri IV des lettres tantôt pleines d'espérance, tantôt saturées de nouvelles douleurs.

La nombreuse famille de Charles Ier se trouvait dispersée. L'exil en gardait trois : le prince de Galles et le duc d'York se trouvaient en Hollande près de leur sœur la princesse Mary, femme du duc d'Orange, et que la reine avait conduite à travers mille périls à son royal fiancé. La petite princesse Henriette d'Angleterre, qui épousa plus tard Gaston d'Orléans, frère de Louis XIV, et devint cette Madame pleurée par Bossuet, était née au moment où sa mère menacée de mort partait pour la France, et la frêle créature n'avait jamais pu sourire à son père.

Il ne restait en ce moment à Londres que deux des enfants de Charles Ier : la princesse Elisabeth, âgée de douze ans, et le duc de Glocester qui en comptait huit.

Le parlement les avait placés tous deux sous la garde du comte de Northumberland, et le roi d'Angleterre ne les voyait plus depuis l'époque où sa folle confiance dans la parole donnée, le jeta dans les bras des Écossais.

Le frère et la sœur habitaient alternativement le palais de Saint-James et celui de Sion.

Eux aussi avaient à souffrir ; des espions et des geôliers les entouraient ; on se faisait une joie cruelle de leur apprendre les nouvelles de plus en plus sinistres arrivant des divers châteaux où passait le roi. Ils enviaient le sort de leurs frères le prince de Galles et le duc d'York et passaient de longues journées à méditer des projets d'évasion. Pauvres enfants de roi ! Quand ils parlaient de leur père, on l'accusait devant eux ; on ne laissait même pas leur cœur meurtri se reposer dans cette tendresse. S'ils étaient la dernière pensée de Charles Ier quand le monarque rentra à Whitehall, le nom de leur père se retrouvait à la même heure dans leur entretien.

Le voir ! ils eussent donné dix ans de leur vie pour le voir encore !

Et pendant que tout bas, la main dans la main, Elisabeth attirant à elle le duc de Glocester, ils répétaient un nom proscrit, cher et vénéré, le duc de Northumberland entra pour leur dire :

« Demain vous aurez une entrevue avec Charles Stuart. »

Demain ! ce mot renfermait l'espoir d'une telle joie que la princesse Elisabeth la manifesta en couvrant de baisers le front du duc de Glocester.

« Vous le verrez, et pour la dernière fois.

— La dernière fois, milord ! s'écria la jeune princesse, allons-nous donc partir aussi ?

— Non, mais Charles Stuart s'en va.

— Où ? » demanda le petit duc.

L'expression de Northumberland fut telle qu'Elisabeth, pressentant sa réponse, dit avec prière :

« N'achevez pas devant mon frère ! »

Elle fit deux pas en avant et ajouta plus bas :

« Le roi mon père va au ciel, milord ?

— On a haussé de cinq degrés l'échafaud de Strafford, » répondit le duc.

Elisabeth devint pâle, mais elle n'ajouta rien, s'élança vers son frère et le pressa dans ses bras.

« Où est mon père ? demanda-t-elle après un moment de silence.

— A Withehall.

— A quelle heure viendra-t-on nous chercher ?

— Vers midi.

— Laissez-nous prier jusque-là ! » dit la jeune fille avec une énergie qui rappelait sa mère.

Le comte de Northumberland sortit.

Alors le courage d'Elisabeth tomba et l'enfant se mit à sangloter.

Pendant qu'Elisabeth et son frère apprenaient l'horrible nouvelle, le roi recevait de Hollande la preuve que ses trois autres enfants continuaient à le servir.

En effet depuis quelques jours un messager du prince de Galles, lord Seymour, était arrivé à Londres. Il apportait, outre une missive particulière pour le roi Charles Ier, des blancs-seings sur lesquels le jeune prince avait apposé sa signature et ses armes. Les chefs de l'armée pouvaient à leur gré les remplir, le prince voulait seulement la vie de son père et acceptait d'avance tous les sacrifices. Il était bien tard pour entrer en négociations. Fairfax eût accepté. Sa conscience n'était pas tranquille, et d'ailleurs lady Fairfax s'employait pour Charles Ier ; mais Cromwell, qui rêvait déjà le protectorat, Ireton que grandissait le pouvoir de Cromwell, ne voulaient à aucun prix sauver le malheureux monarque. Leur puissance ne germait que dans son sang. Les autres membres de la chambre manquaient de l'autorité nécessaire pour opérer un mouvement. Lord Seymour échoua.

Cependant il obtint d'avoir avec son maître une suprême entrevue et de lui remettre directement la lettre du prince de Galles.

Charles ne voulait, pendant le peu d'heures qui le séparaient de l'éternité, s'occuper que de Dieu et sa famille.

Il accueillit lord Seymour avec bonté, et des larmes d'attendrissement lui montèrent aux yeux en voyant combien il était encore aimé. La lettre du prince de Galles était longue ; le jeune homme voulait renouveler ce qu'avait vaillamment réalisé Henriette-Marie en ramenant de Hollande des vaisseaux et des armes. En parlant de ses projets, de son espoir, de la joie qu'il éprouverait à relever lui-même le trône de son père et de son roi, il s'abandonnait à une tendresse jeune, enthousiaste, pressante, dévouée. Le cœur palpitait dans chaque ligne de sa lettre. Tout était vaillance et jeune vertu chez cet exilé enfant. Charles Ier put se dire que le fils vaudrait le père. Il relut deux fois la lettre, écouta le détail des tentatives de lord Seymour auprès des membres du pouvoir, prit les blancs-seings, puis dit au messager :

« Portez à mon fils aîné, au duc d'York et à la princesse d'Orange, les adieux et la bénédiction de leur père...

« Je voudrais au prix de mon sang que la paix fût rendue à l'Angleterre... Si quelque chose peut me consoler de l'injustice des hommes, c'est de voir que le peuple, le vrai peuple anglais me rend complétement justice, et que je laisse des enfants capables de relever ma couronne et de la porter dignement. »

Puis Charles Ier déchira lentement la lettre du prince de Galles et en jeta plus lentement encore les débris dans le feu ardent de la cheminée.

Quand lord Seymour eut pris congé, Charles dit au fidèle Herbert:

« Je ne recevrai plus que mes enfants et Juxon.

— Et vos serviteurs, vos amis, Sire...

— Oui, je sais, mon neveu le prince palatin, le duc de Richmond, Lindsey, Southampton,

Herford, Finn-Barr demanderont à me voir encore... tous les lords qui me sont attachés frapperont à la porte de cette prison. Je leur en sais gré, Herbert ; mais mon temps est court et précieux, je veux l'employer au salut de mon âme... qu'ils ne se formalisent donc point si je ne reçois que mes enfants...

— Mais, Sire, n'avez-vous point d'ordre à leur transmettre ?

— Est-il besoin que je leur ordonne de se dévouer à l'héritier du trône de la Grande-Bretagne ?

— Recevriez - vous leurs services... pour vous ?

— Pour moi ! Herbert, le plus grand service que puissent me rendre aujourd'hui ceux qui m'aiment, est de prier pour moi ! »

Charles passa le reste de la journée dans une complète solitude ; il dormit paisiblement, et s'éveilla le lendemain à l'heure où arrivait l'ordre de le transférer à Saint-James ; cette fois la dernière étape de la vie était franchie ; un pas de plus, et tout était fini. Charles gardait et possédait si complétement son âme pendant ces heures dont la solennité s'augmentait de leur peu de durée, que c'était lui qui consolait ceux de qui il devait attendre du courage.

Juxon pénétrant dans la chambre du roi ne put s'empêcher de fondre en larmes.

Le vieillard baisait les mains du roi, les couvrait de ses pleurs, et ne trouvait que des sanglots.

« Milord, lui dit Charles, pensons à notre grande affaire; il faut me préparer à paraître devant Dieu.

— Sire! dit Juxon, consentez à vivre!

— Il n'est au pouvoir de personne de prolonger désormais mon existence.

— Rien n'est impossible au dévouement.

— Ne savez-vous pas que j'ai refusé les offres de lord Seymour?

— Je le sais, Sire, mais Southampton, Lindsey, Herford et leurs amis tentent une dernière bataille.

— Je ne veux pas, dit Charles, non, je ne veux pas qu'on la livre, elle doit offrir de mortels dangers... J'ai déjà coûté tant de sang à ma fidèle noblesse... je n'en ferai plus couler.

— On achètera vos gardiens, Sire.

— Si les chefs avaient accepté et rempli le blanc-seing, je pouvais échapper à mes ennemis; maintenant, je ne le puis, je ne le veux plus... Juxon, cessez de tourner mes regards vers les choses de ce monde, j'aurai bientôt à rendre compte à Dieu de ma vie, et la vie d'un roi est lourde et périlleuse...

— Sire! sire, reprit Juxon qui espérait vaincre le refus de Charles Ier, vos lords vont venir, accueillez-les... Permettez qu'on jette sur vos épaules le manteau de l'un d'eux, cachez-vous dans leur groupe... vous passerez... on sèmera l'or à pleines mains, et d'ailleurs le peuple armé, le peuple des mariniers et des travailleurs entourera Saint-James et le mettra plutôt en cendre que de vous abandonner... Si vous ne le faites pour vous, Sire, ah! songez à la reine! songez à ce courageux prince, enfant par l'âge et qui montre l'énergie d'un homme; songez à la princesse Elisabeth, au duc de Glocester que vous laisseriez entre les mains de vos ennemis mortels...

— Juxon, répondit le roi, Dieu bénira l'héritier de mon trône parce qu'il se montre un digne fils... la reine est en sûreté avec l'enfant que je n'ai pas bénie, mais qui saura un jour que je ne l'oubliais point... Elisabeth et son frère sont si jeunes qu'on n'osera s'attaquer à eux; mes amis, mes lords les défendraient... Pour moi, il me semble que la volonté de Dieu est que je meure, et je me soumets à cette volonté...

« Ne parlons pas des misérables entre les mains desquels je suis ; ils ont soif de mon sang, ils l'auront; je leur pardonne, ne prononcez pas même leur nom. »

Un grand bruit interrompit le roi.

Des soldats se querellaient dans la chambre, voisine.

Deux d'entre eux ouvrirent même la porte de la petite pièce dans laquelle se tenait le monarque.

« Que voulez-vous? demanda Juxon.

— Voir si Stuart ne cherche pas à s'évader, répondit grossièrement le soldat.

— Herbert, dit le roi à son fidèle serviteur, je ne demande qu'une faveur au colonel Hacker, celle de rester seul dans cette chambre, qui est une sorte de chapelle mortuaire. »

Herbert sortit, Hacker n'osa refuser à Charles; les soldats qui étaient trop près furent un peu éloignés, mais la sentinelle resta autorisée à ouvrir la porte de la chambre du roi quand elle voudrait, interrompant ainsi les prières de celui qui se recueillait pour mourir.

Comme Juxon l'avait annoncé au roi, quelques lords et les Irlandais se présentèrent à la porte de Saint-James.

Charles éprouva une minute d'hésitation, la

douleur des fidèles amis qu'il repoussait eût apporté un allégement au sentiment de dégoût que lui inspiraient les hommes. Mais il s'était promis d'éloigner pendant des heures désormais comptées tout ce qui aurait pu le distraire de la pensée de l'éternité. Charles répéta donc à Herbert l'ordre qu'il lui avait donné, et les fidèles courtisans du malheur durent se donner entre eux rendez-vous pour le lendemain...

Il n'est pas possible à l'homme de sonder au plus profond du cœur humain ; Dieu seul y peut lire. Seulement dans les études faites sur le vif, dans les problèmes posés, dans les questions ardues dont les solutions restent encore dans le problème des inductions, il est facile de comprendre ce que fut la dernière veillée de Charles.

Le jour se levait à peine quand l'Évêque Juxton entra dans la chambre du roi.

Le souverain qui allait mourir et le ministre du Dieu qui soutient et console tombèrent tous deux à genoux et prièrent. Ce pieux devoir rempli, Charles se fit apporter par Herbert une cassette renfermant des croix de Saint-Georges et de la Jarretière brisées.

« Voilà, dit le roi, les seules richesses qu'il me soit permis de partager entre mes enfants ! »

La porte s'ouvrit, les bras de Charles s'étendirent, puis se refermèrent... Elisabeth et le duc de Glocester venaient d'entrer.

Il y eut entre ce père et ses enfants un moment d'émotion indicible. La jeune princesse comprenait toute l'horreur de ce qui allait s'accomplir, et ses sanglots désespérés brisaient sa poitrine ; le petit duc la voyant pleurer pleurait à son tour, mais il souffrait seulement de sa souffrance et se demandait ce qui causait un tel déchirement.

Charles s'assit.

Sur chacun de ses genoux, il prit un de ses enfants, et longtemps encore il couvrit leurs fronts de baisers muets.

L'Évêque Juxon priait dans un angle de la salle.

Herbert debout près de la croisée n'avait plus la force de se soutenir et collait son front baigné d'une sueur froide contre les vitres argentées de givre.

Quand les premiers battements du cœur de Charles furent apaisés, il rapprocha de son épaule le visage de sa fille, et lui parla doucement, lentement, gravant dans sa jeune âme ses conseils suprêmes.

« Ma fille, dit-il, écoutez-moi écoutez-moi

avec votre âme et avec votre jeune raison...Souvenez-vous de mes moindres paroles, car vous devrez les répéter à votre mère... Ne pleurez pas! Je mourrai en paix avec Dieu, avec les hommes, avec moi-même; je pardonne, et je serai pardonné... Vous insisterez beaucoup près de vos frères, pour leur affirmer cette disposition de mon cœur... si jamais il plaît à Dieu de leur rendre la couronne, cette couronne tombée de mon front et qu'on ramassera dans le sang, qu'ils se gardent de châtier le forfait de ceux qui ont voté ma mort... Pas de vengeances, pas de représailles... Les révolutions enfantent des monstres, il faut lutter contre eux avec de meilleures armes que le glaive et la hache... Elisabeth, vous reverrez la reine, votre mère, la digne compagne de ma vie, la fidèle amie de mon malheur...Je n'ai chéri qu'elle au monde... à l'heure de mourir je jure devant Dieu que je l'aime comme au premier jour de notre union... Rien n'a manqué à la grandeur de son caractère à la pureté de sa vie, à sa tendresse généreuse! Vous l'aimerez pour moi et pour vous, vous l'aimerez surtout pour ce qu'elle aura souffert... et vous lui donnerez le plus doux et le plus amer de mes baisers... »

Charles posa ses lèves sur les cheveux blonds

d'Elisabeth, qui répondit en refoulant ses larmes :

« Je dirai tout cela à la reine ma mère ! »

Le petit duc écoutait immobile, blotti contre le cœur de son père.

Charles Stuart éloigna de lui l'enfant pour le mieux voir, et fixa son regard sur le regard troublé du petit duc.

Si jeune qu'il fût, le prince sentit qu'il allait à son tour entendre une communication grave, et il devint plus sérieux que ne le comportait son âge.

« Mon cher cœur, lui dit le roi, on va couper la tête de ton père... »

Les yeux de l'enfant s'agrandirent d'épouvante, mais il garda le silence, tendant les forces de son esprit pour comprendre toute la pensée de son père.

Charles reprit en parlant avec lenteur :

« Fais attention, mon enfant, à ce que je te dis... ils vont me couper la tête... peut-être voudront-ils te faire roi !... Ecoute, écoute bien, ceci est grave et sacré... Tu ne dois point régner tant que tes frères Charles et Jacques seront en vie... Hélas ! si les misérables s'emparent de tes frères, ils les tueront, et peut-être te tueront-ils après...

« Je t'ordonne donc de ne jamais te laisser faire roi par eux. »

Le petit duc de Glocester, étouffé par les larmes refoulées, répondit avec énergie :

« Je le jure, mon père ! les méchants me hacheraient plutôt en morceaux. »

Le roi serra l'enfant sur sa poitrine avec une étreinte mêlée d'effusion et de désespoir.

Puis sentant que ces émotions violentes le brisaient, Charles posa son fils à terre.

Elisabeth venait de s'agenouiller, son frère l'imita.

Le roi étendit les deux mains sur le front de ses enfants, pria à voix basse et les bénit.

L'Évêque étouffait ses sanglots.

Herbert venait de tomber accablé sur un siége.

Dans l'antichambre les sentinelles riaient.

Le courage de Charles défaillait; le père l'emportait sur l'homme; la vie semblait un bien inexprimable à Charles Stuart quand il songeait que six enfants et une femme formaient autour de son cœur une chaîne de tendresse sacrée.

Le roi cacha son front dans ses mains, puis se levant il cria à Juxon avec désespoir :

« Emmenez-les ! Emmenez-les ! »

L'Evêque s'approcha de Charles Stuart.

Les enfants sanglotaient.

Charles alla s'appuyer contre la croisée pour cacher ses pleurs.

Juxon ouvrit la porte.

Les enfants tendirent les mains, et au même moment le roi, quittant la fenêtre, courut à eux, les saisit dans ses bras, les couvrit de baisers ardents, pressés, fous, de baisers que tous deux lui rendaient avec des soupirs étouffés, des lèvres brûlantes et qui transportaient de douleur l'âme du malheureux roi.

Une seconde fois Charles les bénit et appela sur eux les faveurs du Ciel.

Une dernière fois il s'arracha à leur caresses, et tomba prosterné sur le sol, anéanti, éperdu de douleur.

La porte se referma, et Juxon élevant la voix récita une longue prière.

L'âme de cet homme plein de vie dont l'agonie sonnait se rasséréna de nouveau. Le monarque rentra en pleine possession de lui-même.

Il y avait loin du calme résigné de Saint-James à l'agitation troublée des membres de la Haute-Cour.

Le roi était condamné ; il s'agissait de fixer

l'heure de l'exécution de la sentence et de signer l'ordre fatal. Encore une fois l'horreur de l'acte qui allait s'accomplir épouvantait ceux même qui l'avaient provoqué ! A l'idée d'apposer leur nom au bas du parchemin sinistre, la plupart reculaient. En vain deux ou trois de leurs collègues se tenaient à la porte de la chambre, arrêtant les membres des communes, les sommant de remplir une formalité indispensable, ils cherchaient des raisons, mettaient en avant des prétextes pour s'exempter de laisser à la postérité une telle flétrissure à mettre sur leurs noms.

Cromwell et Ireton laissaient éclater une joie atroce, si sauvage, si brutale, qu'elle faisait perdre à ces puritains la roideur accoutumée de leur caractère. Ils se livraient à des plaisanteries ignobles. Cromwell essuyait la plume qui venait de signer l'ordre d'exécution aux poils de la barbe d'un de ses complices. Un de ses parents, Richard Ingoldsby, qui s'était abstenu de siéger et qui désapprouvait hautement la sentence, entrant par hasard dans la salle, Cromwell courut à lui, criant que cette fois il ne lui échapperait pas. Il l'entraîna vers la table où se trouvait posé le funèbre *warrant*, et malgré les protestations et la résistance de Richard,

Cromwell lui plaça une plume entre les doigts, et conduisit sa main tremblante afin qu'il signât son nom.

Quant à l'ordre qui concernait le bourreau, Cromwell le traça tout entier de sa main.

Le warrant d'exécution du roi Charles Ier est certes une des pièces historiques les plus curieuses et les plus navrantes.

Cinquante-neuf noms accompagnés des cachets et des armes de ceux qui osaient s'avouer régicides s'étalent sur le parchemin. On dirait que chacun de ces cachets de cire rouge est une goutte de sang...

La plupart des signatures sont incertaines, tremblées, illisibles; les cachets ont été posés sur la cire avec la précipitation de la honte et de la peur. Ils se mêlent et s'entassent dans un désordre plein d'une signification étrange.

Quatre seulement s'étalent largement, bien espacés en face de noms écrits en grandes lettres; ce sont ceux de Bradshaw, de Grey, Cromwell et Walley.

Nous citons en entier l'ordre d'exécution :

A la haute cour de justice, pour le procès et jugement de Charles Stuart, roi d'Angleterre; 29e de janvier A. D. 1648.

Attendu que Charles Stuart roi d'Angleterre

est et demeure accusé, convaincu et condamné pour haute trahison, et autres grands crimes ; et que sentence samedi dernier a été prononcée contre lui par cette cour, pour qu'il soit mis à mort par la séparation de sa tête d'avec son corps ; de laquelle sentence l'exécution reste encore à accomplir. Les présentes sont donc pour vouloir et vous requérir de voir la dite sentence exécutée en pleine rue devant Whitehall, demain, le trentième de ce présent mois de janvier, entre les heures de dix heures du matin et de cinq heures dans l'après-midi de ce même jour, avec entier effet. Et pour ce faire le présent vous sera un ordre suffisant. Et ces présentes sont pour requérir tous officiers, soldats et autres braves gens de cette nation d'Angleterre de vous assister dans ce service. Donné sous nos signatures et sceaux.

Au colonel Francis Hacker, au colonel Hunckes, au lieutenant colonel Phayre et à chacun d'eux.

Bradshaw.	Ludlowe.
Gray.	Martyn.
Cromwell.	Flotter.
Walley.	Constable.
Lindsey.	Ingoldesby.
Okey.	Cowley.
Dawers.	Barkestread.
Bourchier.	Ewen.
Ireton.	Dixwell.
Maulevierer.	Wauton.
Blakiston.	Mayne.
Intchinson.	Horton.
Willitoff.	Jones.
Hopide.	John Moore.
Temple.	Millington.
Harrisson.	Sillered.
Hilberson.	Robslilborne.
Hensmyth.	Norton.
Delham.	Chalonner.
Deane.	Wogan.
Irchborne.	Venne.
Blagrane.	Clement.
Rowe.	Downes.
Scorpe.	Jhc. Scot.
Temple.	Jo. Carew.
Garland.	Miles Corbett.

Les noms manquants sont illisibles.

Quant à la différence des dates, car le *warrant* indique la date de 1648, et l'histoire donne l'année 1649, elle provient de ce que les Anglais persistèrent jusqu'à l'année 1752, par lesprit d'anti-papisme, à refuser d'admettre la bulle de Grégoire XIII qui, en 1582, avait établi la réforme du calendrier.

La signature de l'ordre d'exécution terminée, les colonels dont les noms sont inscrits au *warrant* furent chargés de son exécution.

Depuis cinq jours des ambassadeurs des États généraux, Albert Joachim et Adrien de Paw sollicitaient en vain une audience des chambres. Les ministres de France et d'Espagne n'obtinrent pas davantage de faire entendre l'expression des vœux de leurs gouvernements ; les envoyés de Hollande ne réussirent pas à se faire admettre devant Cromwell.

Quand tout fut prêt pour l'exécution du roi, on daigna fixer l'heure d'une audience, mais elle était ménagée de telle sorte que les ambassadeurs venant demander la vie du roi Charles devaient se heurter contre le cadavre et l'échafaud sanglant !...

Charles Stuart savait qu'il ne devait plus passer qu'une nuit à Saint-James.

Il se coucha et dormit pendant quatre heures d'un sommeil profond.

Le lit de sangle de Herbert était dressé au pied de la couche du roi. Herbert brisé d'émotion eut un sommeil si pénible et agité de si cruels cauchemars que ses gémissements éveillèrent le roi.

— Herbert, demanda Charles, qu'avez-vous ? quel trouble vous agite ?

— Sire ! Sire ! répondit le fidèle serviteur, j'ai vu en songe l'archevêque Laud entrer dans cette chambre... Il s'est approché de Votre Majesté, et à voix basse s'est entretenu avec elle... puis il s'est éloigné en soupirant, et tout à coup s'est affaissé sur le plancher.

— Ah ! répondit Charles, je l'aime toujours et s'il vivait encore, ce que j'aurais à lui dire serait en effet bien capable de le faire soupirer...

Le roi se tut ; puis un moment après il s'écria :

— Voici l'aube, Herbert, voici l'aube !

C'était la dernière qu'il verrait se lever.

XXVII

NE TOUCHEZ PAS A LA HACHE !

Charles se leva.

« Herbert, dit-il, voici le jour de mes secondes noces ; j'espère épouser avant ce soir mon Seigneur Jésus. »

Puis avec une grande liberté d'esprit il désigna les vêtements qu'il voulait porter, et les choisit fort chauds.

« Le temps est si froid que je pourrais trembler ; mes ennemis croiraient peut-être que c'est de peur : je ne veux pas qu'une telle supposition soit possible, je ne crains pas la mort, elle n'a rien de terrible pour moi ; je remercie mon Dieu de m'avoir si bien préparé à la subir. »

Le valet de chambre troublé, aveuglé par les

larmes, ne parvenait pas à accommoder les cheveux du roi.

« Je vous en prie, lui dit Charles, prenez la même peine qu'à l'ordinaire, quoique ma tête ne doive pas demeurer longtemps sur mes épaules. »

La toilette du monarque s'achevait à peine quand Juxon entra.

L'évêque et le roi échangèrent un regard et ne se parlèrent point.

Juxon ouvrit l'Évangile d'après S. Matthieu et lut le XXVIIe chapitre, celui qui retrace la passion du Sauveur.

« Milord, demanda le roi, avez-vous choisi ce passage comme le plus applicable à ma situation.

— Je prie Votre Majesté de remarquer, répondit l'évêque, que c'est l'évangile du jour, comme le prouve ce calendrier. »

Charles parut profondément touché de ce rapprochement.

Sa ferveur grandissait à mesure qu'approchait le terme de sa vie ; il n'appartenait plus à ce monde et pénétrait dans des régions plus hautes par la foi et la charité.

Dix heures sonnèrent.

On frappa doucement à la porte de la chambre.

Herbert ne bougea pas.

Une seconde fois on heurta à la porte, mais sans impatience quoique un peu plus fort.

« Voyez qui est là, dit le roi à Herbert.

— Sire, c'est le colonel Hacker.

— Faites-le entrer. »

L'officier parut pâle, presque tremblant.

« Sire, dit-il d'une voix étouffée, voici le moment de partir pour Whitehall... Votre Majesté aura plus d'une heure pour s'y reposer.

— Je pars dans l'instant, laissez-moi, dit Charles. »

Le colonel sortit.

Le roi reprit sa prière, plus fortifié, il se leva et saisit la main de Juxon.

« Venez, dit-il, partons ! »

Herbert se tenait devant la porte comme s'il voulait empêcher son maître d'en passer le seuil.

« Ouvrez, dit doucement le roi... le colonel Hacker vient de m'avertir pour la seconde fois. »

Charles descendit lentement l'escalier et se trouva bientôt dans le parc.

Plusieurs compagnies d'infanterie formaient une double haie sur son passage.

Les hallebardiers allaient en avant.

Le tambour battait.

Une foule immense se pressait derrière les soldats ; et de cette foule sortaient des cris de pitié et des sanglots.

L'armée laissée à elle-même gardait le silence de la stupeur. Charles marchait d'un pas ferme et mesuré en s'entretenant avec Juxon. Il adressait à l'évêque ses dernières recommandations, lui renouvelait l'ordre de répéter au prince de Galles qu'il pardonnait à tous ses ennemis, et prenait des dispositions relatives à sa sépulture.

Tandis que la troupe allait lentement, le roi la devançait. De temps en temps il jetait les yeux autour de lui, et plus d'une fois son regard envoya un muet adieu aux amis qu'il reconnaissait.

La dignité de sa démarche, la sérénité de sa physionomie irritèrent un misérable officier. Que Charles mourût, on le voulait sans doute! mais que n'eût-on pas donné pour que Charles mourût lâchement.

L'officier s'approcha donc du roi et murmura d'une voix sifflante :

« Il est un crime qui doit lourdement à cette heure charger votre conscience.

— Lequel ?

— L'empoisonnement de votre père médité et consommé avec Georges de Villiers, duc de Buckingham. »

Charles sourit avec mépris ; mais il réprima l'amer sentiment qui débordait de son âme, et répondit avec une angélique douceur :

« Mon ami, si je n'avais commis d'autre péché que celui-là, j'en prends Dieu à témoin, je n'aurais pas besoin de lui demander pardon. »

Et Charles continua sa marche avec le même calme.

On arriva à Whitehall.

Le roi monta l'escalier, puis traversa la grande galerie conduisant à sa chambre à coucher.

Tomlinson qui l'avait accompagné jusque-là le laissa seul avec l'évêque. Charles demanda et reçut la communion.

Quand il eut satisfait ce dernier vœu, il attendit que le colonel Hacker donnât le signal.

Charles refusa de toucher au dîner qui se trouvait préparé.

Juxon insista pour que le roi prît un peu de vin.

« Votre Majesté est à jeun depuis longtemps, dit l'évêque, il fait froid... peut-être sur l'échafaud quelque faiblesse...

— Vous avez raison, » répondit le roi.

Charles ignorait encore comment serait préparé l'échafaud.

Ses derniers défenseurs groupés dans la foule se demandaient comment il leur serait possible de tenter un enlèvement. Ils ne désespéraient point encore, s'attendant à voir dresser un échafaud accessible de quatre côtés.

Mais on avait pris des précautions minutieuses. Cromwell ne se sentait pas si fort appuyé par l'opinion populaire qu'il n'eut point à craindre un revirement dans les esprits. Par son ordre la muraille du palais de Whitehall avait été percée pendant la nuit, et un plancher mobile se prolongeant par cette brèche devait porter le billot et le bourreau; Charles se trouvait de la sorte beaucoup trop élevé au-dessus de la foule pour qu'elle pût renverser la sinistre tribune, lutter contre le bourreau, et tenter de désarmer l'armée.

Hacker avertit le roi en frappant à la porte.

Alors Juxon et Herbert tombèrent à genoux.

« Relevez-vous, mon vieil ami, » dit Charles à l'évêque.

Sur un signe du roi, Herbert ouvrit la porte.

Le colonel parut.

« Marchez, dit Charles, je vous suis... »

Le long de la salle des banquets dans laquelle des soldats formaient la haie, Charles reconnut aussi Finn-Bar et Patrick. Il leur montra le ciel ! Ce geste expressif leur défendait toute muet manifestation.

Les Irlandais comprirent cet ordre muet, et rejoignant le marquis de Herford dans la foule, quittèrent avec lui la salle des banquets et descendirent par un étroit passage sur la place d'où il pouvait être possible de voir le roi plus longtemps.

Les soldats ne rudoyaient point les fidèles amis de Charles ; l'attitude qu'ils gardaient semblait demander grâce pour leur obéissance à une fatale consigne.

Quand le roi parvint à l'extrémité de la salle, il aperçut la brèche béante ; le plancher mobile joua, une draperie noire se déroula tombant de la plateforme à terre. Sans qu'on les eut vus passer, deux hommes vêtus en matelots et masqués tous deux se trouvèrent de chaque côté du billot également couvert de drap noir. Une hache brillante était posée dessus.

Charles regarda le peuple, les exécuteurs, les soldats.

L'armée formait un carré solide, espacé de telle sorte que Charles pouvait craindre de ne pas être entendu de cette foule à qui il souhaitait laisser le testament de sa conscience.

Il éprouva un sentiment de peine, et se tournant vers Juxon et Tomlinson :

« Je ne puis guère être entendu que de vous, leur dit-il, recueillez donc mes dernières paroles... »

Malgré la haine de ceux qui avaient provoqué, résolu et signé la mort du roi, on permit à celui qui allait mourir de parler au peuple et de plaider du haut de l'échafaud cette cause qu'on ne l'avait point laissé défendre dans la Chambre des Communes.

Sans doute la gravité des pensées qui remplissaient l'esprit de Charles Stuart depuis plusieurs jours rendit plus graves, plus austères les paroles qu'il prononça ; on eût dit que sa voix tombait d'une région déjà inaccessible. Elle n'avait plus le timbre terrestre ; elle se dépouillait de toute passion, et se gravait dans sa rigidité plus sûrement peut-être que si elle se fût attendrie.

Quand Louis XVI voulut à son tour élever la voix pour expliquer ses intentions et faire briller la lumière de la vérité sur les actes incriminés par le tribunal révolutionnaire, le bruit des tambours étouffa sa voix. Comme Charles Ier, il légua ses pensées suprêmes à un prêtre, et c'est de la bouche de ce témoin que nous sont parvenus les derniers mots du roi-martyr. Si l'échafaud n'eût pas été dressé pour Charles Ier, la tête de Louis XVI ne fût point tombée... Le régicide devint contagieux à cent cinquante ans de distance.

Charles, avec la même attitude, le même regard brillant, parla ainsi d'une voix forte, essayant toujours de faire parvenir ses paroles jusqu'au peuple qui se pressait autour des soldats.

« J'ai fort peu de chose à dire, et je me tairais volontiers si je ne craignais que mon silence donnât sujet à quelques-uns de croire que j'accepte l'accusation comme je subis le supplice.

« Je crois que pour m'acquitter envers Dieu et mon pays, je suis obligé de me justifier comme bon chrétien et bon roi. Je vous dirai que je suis innocent, et, en vérité, il n'est pas nécessaire que je m'appesantisse sur ce point,

Tout le monde sait que je n'ai jamais commencé la guerre avec les deux Chambres et le parlement, et je prends Dieu à témoin, Dieu auquel je vais bientôt rendre compte de ma vie, que je n'eus jamais l'intention d'usurper leurs priviléges. Au contraire, eux-mêmes commencèrent par s'emparer des arsenaux ; ils confessent qu'ils m'appartiennent, et jugent en même temps qu'il est nécessaire de me les ôter. Si l'on compare les dates des arrêtés des commissions et celles des déclarations, il sera facile de voir que le Parlement et les Chambres ont commencé les discussions. J'espère que le Seigneur vengera mon innocence, j'espère... non! je ne le souhaite pas ! je garde au cœur la charité et le pardon. A Dieu ne plaise que j'impute aux deux Chambres le crime d'un jugement inique ; il retombe sur quelques ministres seulement... Je suis trop bon chrétien pour ne pas confesser que les jugements de Dieu sont justes ! Il arrive souvent que la Providence se serve d'une sentence inique pour châtier légitimement. Je porte maintenant le poids de la sentence que je laissai exécuter contre Strafford...»

Charles s'arrêta un moment, comme si le poids de ce souvenir l'oppressait ; il reprit ensuite en désignant Juxon :

« Cet honnête homme rendra témoignage que je pardonne à mes ennemis et surtout aux auteurs de ma mort... Qui sont-ils ? Dieu le sait ! Je vais plus loin... A cette heure suprême la charité ne doit pas conserver de limites... Je souhaite qu'ils se repentent, car véritablement ils ont commis une grande faute. Comme saint Étienne je prie le Seigneur qu'ils ne subissent aucun châtiment ; je désire qu'ils rendent la paix au royaume, car mon devoir m'ordonne non-seulement d'oublier mes griefs personnels, mais encore de tenter jusqu'au dernier soupir de rendre le calme au pays.

« Messieurs ! Messieurs ! vous êtes dans une voie mauvaise et fatale ! et vous ne rentrerez jamais dans le bon chemin, si vous ne rendez à Dieu ce qui appartient à Dieu, et au roi ce qui appartient au roi... »

Un faible murmure s'éleva autour de l'échafaud ; le groupe des amis fidèles se souvenait de la levée de l'Étendard à Wittinganh, et de la devise de la bannière : « *Rendez à César ce qui appartient à César.* » Sans doute Charles Ier comprit le sens de ce murmure, car il sourit tristement, puis il ajouta :

« Ce qui appartient à mes successeurs ! et au peuple ce qui appartient au peuple. Je suis autant pour le peuple qu'aucun de vous! Donnez à Dieu ce qui appartient à Dieu en réglant son Église d'une façon droite et selon les Écritures... Quant au roi... en vérité, je ne veux pas... »

Charles Stuart s'interrompit avec effroi.

Un gentilhomme venait de soulever la hache placée sur le billot, et Charles craignait qu'on l'ébréchât.

— Ne touchez pas à la hache! s'écria-t-il, ne touchez pas à la hache!

Le gentilhomme plaça l'arme fatale sur le drap noir, et le roi remis de son émotion reprit:

« Quant au roi, les lois du royaume vous instruiront clairement de ce que vous lui devez... Je glisserai sur un sujet qui me tient de trop près... Pour ce qui est du peuple, je désire sa liberté, ses franchises, lesquelles, ne vous y trompez point, ont besoin d'être protégées par les lois qui assurent leur vie et les propriétés des individus. Je ne veux pas dire que le peuple doive prendre part au gouvernement, non, Messieurs, ce droit ne lui appartient pas. Un souverain et un sujet ont à remplir des devoirs différents! Et pourtant, jusqu'à ce que vous accordiez au peuple une sorte de liberté, la paix ne régnera pas dans le royaume. Messieurs, si j'eusse demandé des arbitres, si j'eusse changé les lois par la puissance du glaive, je ne serais point ici... Que Dieu écarte ses châtiments de votre tête ! J'ai chéri mon peuple ! pour mon peuple je suis martyrisé !...Je ne vous retiendrai pas plus longtemps, Messieurs... J'aurais pu mieux préparer ce que je viens de vous dire, vous m'excuserez..J'ai déchargé ma conscience... Je prie le Seigneur que vous suiviez la meilleure voie pour le bien du royaume et votre propre salut. »

Charles Stuart s'arrêta.

Son regard tranquille se reposa sur la foule. Il reconnut des visages amis, ceux de ses lords fidèles, ceux de ses Irlandais...

Sur le bras de Finn-Bar s'appuyait une jeune femme enveloppée d'une mante rouge ; ses grands yeux noirs étaient pleins de larmes, pour la première fois elle se sentait défaillir.

Mais Jessy O'Connor avait fait à la reine une promesse sacrée ! elle ne devait, ne pouvait y manquer. Il fallait un cœur de femme pour recevoir le testament de l'époux, et Jessy paraissait supplier Charles de lui confier une mission suprême.

Le vénérable Juxon que les paroles du roi avaient singulièrement ému, et qui tenait à ce que le souvenir . Charles gardât sa place dans le cœur du peuple, dit au noble condamné :

— Ne plairait-il pas à Votre Majesté, bien que son attachement pour la religion soit assez connu, d'en dire quelque chose pour la satisfaction du pape ?

Charles répondit doucement :

— Je vous remercie, Monseigneur, j'allais oublier ce que j'ai cependant fort à cœur.

Et se tournant vers la foule, Charles ajouta d'une voix accentuée :

— Messieurs, je déclare devant vous tous que je meurs en chrétien... Et cet honnête homme en témoignera.

Celui qu'il appelait si souvent de ce titre *l'honnête homme*, Juxon, avait le cœur plein de sanglots.

— Ma cause est juste et bonne ! dit encore Charles Ier, mais cette fois en s'adressant aux officiers, et mon Dieu est bon !

Le roi ne faiblit pas une minute.

Il avait dit avec une grande lucidité d'esprit ce qu'il croyait utile de dire aux grands et au peuple, il venait de rendre témoignage de sa foi de chrétien, de ses intentions de monarque. Ses derniers conseils défendaient, protégeaient, absolvaient un peuple égaré! Il attendait le pardon de Dieu parce qu'il pardonnait à tous.

L'heure était venue.

Charles ne redoutait pas la mort, mais il éprouvait une crainte instinctive de la souffrance. Sa grande terreur était que la hache luisante fût ébréchée par une maladresse... Il rassurait le bourreau afin que celui-ci fît son office d'une main assurée... Et Charles craignait d'autant plus que le bras de l'exécuteur tremblât que le bourreau lui-même était une énigme vivante dans ce drame épouvantable. Le nom de celui qui se fit le justicier de Cromwell est resté un mystère. On voit sur l'échafaud de Charles Stuart un homme de haute stature, muet, sombre, masqué! La plupart des historiens et des écrivains du temps ont affirmé que le bourreau de Charles Ier avait nom Lord... et qu'il avait payé à l'exécuteur ordinaire le droit de venger une injure personnelle.

Charles s'aperçut qu'un second officier s'approchait du billot fatal, et il s'écria de nouveau:

— Prenez garde à la hache!

Dans la foule s'opérait un mouvement.

Malgré les soldats, des hommes curieux et

obstinés gagnaient du terrain et se rapprochaient de l'échafaud.

Le roi le vit.

En dépit de lui on voulait le sauver.

Mais il sentait sa cause perdue, et voulait garder à son fils ceux qui l'avaient servi avec un dévouement infatigable. Il leur avait promis pour calmer leurs alarmes que si, à l'heure suprême, la terreur de la mort et le regret de la vie s'emparaient de son âme, il leur ferait un signe... Mais Charles jugeait son trépas nécessaire pour éviter d'autres massacres. Il croyait que sa perte sauverait sa dynastie. Il acceptait l'échafaud, et voyait dans l'avenir se relever le trône de Charles II.

Le dévouement de ses Irlandais et des envoyés de la reine Henriette l'effraya. Il craignit qu'on tentât de le sauver malgré lui, et il sentait sa mort nécessaire.

Charles se tourna vivement vers le colonel Hacker.

— Ayez soin, dit-il, qu'on ne me fasse pas languir.

Puis s'adressant à l'exécuteur :

— Je ferai une prière fort courte, puis j'étendrai les bras...

Pendant que Charles arrangeait tranquillement ses cheveux, afin qu'ils ne gênassent pas l'exécuteur, Patrick, Finn-Barr et les quatre jeunes fils de l'Irlandais étaient parvenus jusqu'au pied de l'échafaud.

Finn-Barr voulait un suprême regard, un ordre dernier de son maître. Il remplissait son mandat avec un courage héroïque, sachant bien que si Dieu permettait la mort ou plutôt le meurtre juridique du roi, c'est que ce sacrifice était nécessaire.

Charles rencontra les yeux ardents de Patrick ; le jeune homme moins maître de lui que Finn-Barr, paraissait prêt à s'élancer sur l'homme masqué et à tourner la hache contre le bourreau.

— Ma cause est juste, et mon Dieu est bon ! dit Charles.

Patrick comprit. Charles voulait qu'on servît sa *cause*, c'est-à-dire sa famille, l'hérédité, le prince de Galles ; quant à lui, ce pauvre roi-martyr, traîné de prison en prison, rassasié de souffrances, d'humiliations, de tortures, il s'en remettait à Dieu.

Charles se montra réellement sublime dans la mort.

Il l'accepta comme une expiation, car sa foi était humble et il croyait que nul homme n'est pur de péché. Ce fut en chrétien qu'il mourut, plus qu'en condamné politique.

L'évêque qui l'assistait semblait plus ému que lui.

—Sire, dit-il il n'y a plus qu'un pas... ce pas est fâcheux, mais il est court... Vous pouvez croire qu'il vous mènera promptement de la terre au ciel.

— Je change une couronne corruptible pour une couronne incorruptible, dit Charles... Je vais où il n'y a aucun trouble, non, aucun trouble du monde !

— Oui, Sire, répéta Juxon, vous changez votre couronne temporelle pour une couronne éternelle, c'est un bon échange !

Le visage du roi exprimait une sérénité parfaite.

Charles ôta son manteau et remit son cordon bleu à l'évêque.

— *Remember !* murmura-t-il.

Juxon baissa la tête, et il savait ce que le roi voulait dire : Charles le chargeait de transmettre à son fils ses volontés suprêmes : le pardon à tous, le pardon de la révolte et du sang...

Puis se penchant davantage du côté où se tenaient Finn-Barr, Patrick et ses frères avec la tremblante Jessy, Charles laissa passer ces mots comme un souffle.

— *Erin go braegh.*

Au mouvement de ses lèvres les Irlandais le comprirent : Charles leur rappelait qu'il leur restait à défendre une noble, une grande, une sainte cause. Pour tenter de le sauver ils avaient pendant trois ans paru négliger l'Irlande ; lui mort, la patrie reprenait ses droits.

Ce qui suivit fut rapide.

Charles ôta son pourpoint, demanda si le billot était solidement fixé et ajouta :

— Quand j'étendrai les bras, alors...

Le roi se prosterna et pria.

Jessy tomba sur ses genoux, pâle, effarée, c'en était plus qu'elle ne pouvait soutenir, elle enfonça sa tête dans ses mains pour ne rien voir ni rien entendre...

Cependant Charles étendit les bras...

Un bras robuste leva la hache... la hache tomba ; un corps s'affaissa, une tête roula sur le plancher...

Jessy poussa un gémissement sourd... des gouttes rouges tombèrent sur le pavé que heurtaient ses genoux... elle prit son mouchoir et essuya le sang du roi Charles...

Ce mouchoir était le dernier trésor qu'elle

pût garder à la veuve de Charles Ier, roi d'Angleterre !

Alors un des exécuteurs saisit par les cheveux la tête pâle du roi décapité ; et, la montrant au peuple, cria :

— Voilà la tête d'un traître.

Un sourd gémissement répondit à ces mots odieux ; la foule avait honte, peur et remords.

En un instant des troupes se ruèrent autour de l'échafaud, et il fallut deux corps de cavalerie pour disperser le peuple qui voulait baiser le sol humide du sang d'un martyr.

Le cercueil de Charles était préparé d'avance.

On y plaça le corps roidi, la tête livide.

Pendant la nuit suivante Cromwell voulut se repaître de la vue de celui qu'il avait réellement assassiné ; il osa soulever le couvercle de la bière, contempla son œuvre avec une joie féroce et dit avec un sang-froid révoltant :

— Cet homme était bien constitué et promettait une longue vie.

Pendant sept jours le peuple se pressa à Whitehall afin d'obtenir la permission de prier auprès du corps de Charles Stuart. Le 6 février, le fidèle Herbert et Mildmay eurent l'autorisation de faire enterrer leur maître à Windsor, dans la chapelle Saint-Georges où reposait Henri VIII. La translation se fit sans pompe. Un corbillard attelé de six chevaux traînait la bière; quatre voitures de deuil portaient les serviteurs du roi, ses amis, les derniers, les plus chers. Finn-Barr, Patrick, le marquis d'Herford, le comte de Southampton, Lindsay, Richmond, Juxon rendaient au roi leurs derniers devoirs.

On descendit le cercueil dans le caveau; sur une plaque furent gravés ces mots : CHARLES ROI, puis une date : 1648; la dalle qui fut placée sur le cercueil ne reçut aucune inscription, et quand la funèbre cérémonie fut terminée, le gouverneur du château de Windsor, Whitchett, prit les clefs de la chapelle...

A peine Charles Stuart était-il inhumé à Windsor, qu'on publiait l'*Ikon basilikè* ou le *Portrait du roi*. Milton n'hésite pas à dire que ce journal des souffrances, des douleurs, des pensées du martyre de Charles Ier, produisit sur le peuple anglais l'impression sérieuse causée à Rome par la lecture du *Testament de César*.

Quand Jessy O'Cónnor acheva de lire devant

Finn-Barr et ses enfants l'*Ikon basilikè*, le vieil Irlandais se leva :

— Le plus vivant portrait de Charles Ier, dit-il, s'appelle Charles II.

Puis se tournant vers Patrick :

— Nous aurions voulu mourir pour sauver l'Irlande, mourir pour arracher Charles d'Angleterre à ses bourreaux... Ne pouvant être ni les martyrs de notre patriotisme ni ceux de la royauté, relevons encore le glaive, il nous reste une cause à défendre !

Le lendemain ils avaient quitté Londres.

FIN.

TABLE DES MATIÈRES.

FIN DE LA TABLE.

356 ABBEVILLE. — TYP. ET STÉR. GUSTAVE RETAUX.

www.ingramcontent.com/pod-product-compliance
Lightning Source LLC
LaVergne TN
LVHW020619110826
845149LV00002B/524

* 9 7 8 2 0 1 1 8 8 0 1 2 3 *